POWER THROUGH PRAYER

기도의 능력

독자 여러분들께 알립니다!

'**CH북스**'는 기존 '**크리스천다이제스트**'의 영문명 앞 2글자와
도서를 의미하는 '**북스**'를 결합한 출판사의 새로운 이름입니다.

세계기독교고전 61

기도의 능력

⌐판 1쇄 발행 2019년 4월 10일
⌐판 4쇄 발행 2022년 11월 16일

발행인 박명곤 **CEO** 박지성 **CFO** 김영은
기획편집 채대광, 김준원, 박일귀, 이승미, 이은빈, 이지은
디자인 구경표, 한승주
마케팅 임우열, 김은지, 최고은, 이호
펴낸곳 CH북스
출판등록 제406-1999-000038호
전화 070-4917-2074 **팩스** 0303-3444-2136
주소 서울시 강서구 마곡중앙6로 40, 장흥빌딩 10층
홈페이지 www.hdjisung.com **이메일** main@hdjisung.com
제작처 영신사

세계
기독교
고전

61

POWER THROUGH PRAYER

기도의 능력

E. M. 바운즈 | 김원주 옮김

CH북스
크리스천
다이제스트

세계 기독교 고전을 발행하면서

한국에 기독교가 전해진 지 벌써 100년이 넘었습니다. 그동안 수많은 기독교 서적들이 간행되어 한국의 교회와 성도들에게 많은 공헌을 해 왔습니다. 그러나 기독교 역사 100년을 넘어선 우리의 교회와 성도들에게 더 큰 영적 성숙과 진정한 신앙을 심어 주기 위해서는 가치 있는 기독교 서적들이 많이 나와야 한다고 생각합니다. 그리하여 영혼의 양식이 될 수 있는 훌륭한 기독교 서적들이 모든 성도들의 가정뿐만 아니라 믿지 아니하는 가정에도 흘러넘쳐야만 합니다.

믿는 성도들은 신앙의 성장과 영적 유익을 위해서 끊임없이 좋은 신앙 서적들을 읽고 명상해야 하며, 친구와 이웃 사람들의 구원을 위하여 신앙 서적 선물하기를 즐기고 읽도록 권해야 합니다. 이것은 하나님의 백성으로서 살기 원하는 사람의 의무입니다.

존 웨슬리는 "성도들이 책을 읽지 않는다면 은총의 사업은 한 세대도 못 가서 사라져 버릴 것이다. 책을 읽는 그리스도인만이 진리를 아는 그리스도인이다."라고 말했습니다. 우리는 이제 한국에서 최초로 세계의 기독교 고전들을 총망라하여 한국의 교회와 성도들에게 소개하고자 합니다. 전세계의 기독교 고전은 모든 기독교인들에게 영원한 보물이며, 신앙의 성숙과 영혼의 구원을 위하여 이보다 더 귀한 것은 없을 것입니다.

이러한 취지로 어언 2천여 년의 세월이 지나는 동안 세계 각국에서 저술된 가장 뛰어난 신앙의 글과 영속적 가치가 있는 위대한 신앙의 글만을 모아서 세계 기독교 고전 전집으로 편찬하고자 합니다.

우리는 이 세계 기독교 고전 전집을 알차고, 품위 있게 제작하여 오늘날 한국의 교회와 성도들에게 제공하고 후손들에게도 물려줄 기획을 하고 있습니다. 우리는 다시 한번 다니엘 웹스터가 한 말을 깊이 생각해 보아야 할 것입니다.

"만약 신앙 서적들이 우리 나라 대중들에게 광범위하게 유포되지 않고, 사람들이 신앙적으로 되지 않는다면, 우리 나라가 어떤 나라가 될지 걱정스럽다… 만약 진리가 확산되지 않는다면, 오류가 지배할 것이요, 하나님과 그의 말씀이 전파되고 인정받지 못한다면, 마귀와 그의 궤계가 우세할 것이요, 복음의 서적들이 모든 집에 들어가지 못한다면, 타락하고 음란한 서적들이 거기에 있을 것이요, 우리나라에서 복음의 능력이 나타나지 못한다면, 혼란과 무질서와 부패와 어둠이 끝없이 지배할 것이다."

독자들의 성원과 지도 편달을 바라마지 않습니다.

CH북스
발행인 박명곤

일러두기

- 『기도의 능력』 개정판은 개역개정 성경을 기준으로 하고 있습니다.
- 외국어 고유명사의 표기는 국립국어원의 외래어 표기법을 따랐으나 일부 명칭의 경우 널리 쓰이는 표기를 고려하였습니다.

차 례

서 론

에드워드 맥켄드리 바운즈(Edward McKendree Bounds), 혹은 E. M. 바운즈는 1835년 8월 15일 미주리주 북동부 지역에서 태어났다. 그의 부친은 미주리주 셸비 카운티(Shelby County)를 조직하는 일을 도왔고, 군청 소재지인 셸비빌(Shelbyville) 최초의 지주였다. 바운즈는 교실이 하나뿐인 셸비빌의 학교에 출석하였고 읽기와 쓰기를 이내 배웠다. 부친이 군 서기로 일하였기 때문에 바운즈의 집은 법정으로도 사용되곤 했었다. 이 때문에 바운즈가 법률을 공부하게 되었고 19살이 되기도 전에 변호사 시험에 합격하게 되었던 것 같다.

바운즈는 24살 때까지 변호사로 일하다가 다소 갑작스럽게 설교자의 소명을 느끼고 소명에 응하였다. 그는 성경을 열심히 읽었고 존 웨슬리의 설교를 좋아하였으며 몬티첼로라는 인근 마을의 조그만 교회에서 설교를 시작하였다. 이 기간에 미주리주 사람들은 노예제도와 아메리카 합중국의 보존에 대한 의견 차이로 분열되었다. 바운즈는 최근에 조직된(남북 감리교회의 대립으로부터 생긴) 남감리교회의 목사였기 때문에 1861년 미주리주 브런즈윅에서 북부 연합군에게 체포되었고 남부 동맹 지지자로 고발당하였다.

바운즈는 다른 비전투요원들과 함께 일 년 반 동안 세인트루이스에 있는 연방 교도소에 수감되었다. 그 다음에 멤피스로 이송되어 북부 연합과 남부 동맹 사이의 포로 교환 때 석방되었다. 그는 곧바로 남부 동맹 군목으로 서약을 하고 제3 미주리 자원 보병 연대와 제5 미주리 보병 연대(이 두 부대는 애틀랜타 전투 후에 합병되었다)에서 복무하였다. 바운즈는 남북 전쟁 기간 중 가장 치열했던 전투인 프랭클린 전투(남부군이 마지막으로 감행한 대공격)가 일어나기 직전에 존 벨 후드(John Bell Hood) 장군 휘하에서 군인들을 위로하고 함께 기도하였다. 후드 장군이 내슈빌에서 두 번째 패배를 겪은 뒤 바운즈는 남부군 포로들 가운데 섞여 아메리카 합중국에 대한 충성 맹세를 하고 풀려났다.

그는 전쟁터에서 돌아와 남부 프랭클린 감리교회를 목회하였다. 후에 바운즈는 앨라배마주 셀마에 있는 교회로 부임하였고, 거기서 조지아주 워싱턴 출신인 엠마 엘리자베스 바넷을 만났다. 바운즈는 1874년에 세인트루이스로 자리를 옮겼고 1876년에 엠마와 결혼하였다. 두 사람 사이에서 두 딸 셀레스트와 코네일, 아들 에드워드가 태어났다. 엠마는 결혼한 지 8년만에 죽었다.

엠마가 죽은 지 거의 2년이 지나서 바운즈는 엠마의 사촌인 해리엇

엘리자베스 바넷과 재혼하였다. 이 두 사람 사이에서 세 아들, 새뮤얼, 찰스, 오스본과 세 딸, 엘리자베스, 메리, 에미가 태어났다. 한 해에 두 아이가 죽었는데, 에드워드가 8살에, 찰스가 첫 돌 직후에 죽었다.

세인트루이스에 있는 동안 바운즈는 감리교 지역 잡지인 《세인트루이스 옹호자》(*St. Louis Advocate*)의 부편집장직을 맡았다. 19개월 동안 이 직위를 맡고 있다가 내슈빌로 이사 가서 남감리교회 교단 전체를 위한 주간지인 《기독교 옹호자》(*Christian Advocate*)의 부편집장이 되었다.

1894년 바운즈는 내슈빌에서 목사직을 은퇴하였다. 그는 가족을 데리고 조지아주 워싱턴으로 이사 가 바넷가에서 살았다. 여기서 바운즈는 마지막 19년의 여생을 보내면서 도고와 집필, 순회 부흥사역의 일을 했다. 그는 언제나 매일 아침 하나님과 홀로 지내기 위해 4시에 일어났고 보통 7시까지 기도하였다.

바운즈가 1913년에 죽었을 때는 그의 책들 가운데 『설교자와 기도』(*Preacher and Prayer*), 『부활』(*Resurrection*), 두 권밖에 출판되지 않았다. 이 중 『설교자와 기도』는 후에 『기도의 능력』(*Power through Prayer*)으로 바뀌었다. 바운즈의 제자 격인 호머 하지(Homer W. Hodge)가 바운즈의 친구인 클로드 칠턴(Claude L. Chilton)의 도움을 받아 바운즈가 쓴 나머지 9권을 출판하는 일을 맡았다.

클로드 칠턴은 바운즈가 쓴 이 기도에 관한 걸작의 진수를 이같이 표현했다.

이 책들은 일생 다함이 없이
영적 물을 퍼 올리는 샘일세.
이 책들은 새벽 어둠 속에서
경험으로 준비하여 한낮의 열기로 빚고
성도의 강력한 필치로 놀랍게 다듬은
감추어진 보물일세.
이 책들은 바운즈가 죽어서도
여전히 말하는
살아 있는 목소리일세.

1

◆

기도의 사람이 필요하다

우리는 교회를 성장시키고 복음을 좀 더 효과적으로 전하기 위한 새로운 방법, 새로운 계획, 새로운 조직을 짜내느라 늘 긴장하고 있다. 오늘날의 이런 풍조를 따르다 보면 사람을 보지 못하고 계획이나 조직에 사람이 묻히게 되는 경향이 있다. 하나님의 계획에서는 사람이 중요하다. 즉 하나님은 다른 어떤 것보다 사람을 훨씬 더 중요하게 쓰신다. 사람이 곧 하나님의 방법인 것이다. 교회는 더 나은 방법을 찾고 있지만 하나님은 더 나은 사람을 찾으신다.

"하나님께로부터 보내심을 받은 사람이 있으니 그의 이름은 요한이라"(요 1:6).

그리스도를 알리고 그리스도를 위하여 길을 준비하려는 하나님의 뜻은 요한이라는 사람을 통해서 이루어지게 되어 있었다.

"한 아기가 우리에게 났고 한 아들을 우리에게 주신 바 되었는데"(사 9:6).

이 세상의 구원이 요람에 누워 있는 그 아기에게서 나온다는 말씀이다. 바울은 세상에 복음을 뿌린 사람들의 개인적인 성품을 거론하는데 이는 그들의 성공 비밀이 어디에 있는지를 지적하는 것이다. 복음의 영광이 얼마나 잘 드러나느냐, 그리고 복음이 얼마나 효과 있게 전파되느냐는 복음을 선포하는 사람에게 달려 있다. "여호와의 눈은 온 땅을 두루 감찰하사 전심으로 자기에게 향하는 자들을 위하여 능력을 베푸시나니"(대하 16:9)라고 하실 때 하나님은 사람의 필요성과, 세상에 능력을 베푸실 때에 그 통로로서 사람을 쓰신다는 점을 말씀하시는 것이다. 오늘날 같은 기계화 시대에는 이 지극히 중요하고 절박한 진리를 잊기가 쉽다. 이 진리를 잊는 것은 하늘에서 해를 치워 버리는 것만큼이나 하나님의 활동에 유해하다. 해를 치워 보라. 그러면 어둠과 혼동과 죽음이 일어날 것이다.

오늘날 교회에 필요한 것은 더 나은 기계를 더 많이 도입하는 것이 아니고 새로운 조직을 더 많이 구성하는 것도, 새로운 방법을 더 많이 강구하는 것도 아니다. 기도의 사람, 강력한 기도의 사람이 필요하다. 성령께서는 방법을 통해 일하시지 않고 사람을 통해서 일하신다. 성령은 기계에 임하시는 게 아니라 사람에게 임하신다. 계획에 기름을 부으시는 게 아니라 사람에게, 곧 사람의 기도에 기름을 부으신다.

한 유명한 역사가가 말하기를, 개인의 성품에서 빚어진 사건들이 여러 나라의 혁신에 끼친 영향은 탁월한 역사가나 민주주의 정치가들의 생각보다 더 크다고 했다. 이 진리는 그리스도의 복음에도 그대로 적용된다. 세계를 기독교화하고 민족과 개인을 변화시키는 것은 그리스도의 제자들의 성품과 행실이다. 이 사실은 특히 복음을 전하는 설교자들에게 적용된다.

복음의 성격뿐 아니라 운명도 전적으로 설교자에게 달려 있다. 설교자는 하나님의 메시지를 사람에게 전하거나 아니면 망쳐 놓는다. 설교자는 하나님의 기름을 흘려 보내는 데 사용되는 송유관이다. 따라서 이 송유관은 금으로 만들어야 할 뿐 아니라 속이 시원하게 뚫려 있고 갈라지지 않아 기름이 가득 차서 한 방울도 새지 않고 막힘없이 흘러갈 수 있도록 해야 한다.

설교자는 사람이 만들지만 사람은 하나님이 만드셔야 한다. 메시지를 전하는 사람이 메시지보다 낮고 설교자가 설교보다 나아야 한다. 설교자가 설교를 전하기 때문이다. 어머니 가슴에서 나오는 젖이 어머니의 생명이나 마찬가지이듯이 설교자가 하는 말은 모두 그 설교자의 됨됨이에 따라 내용과 맛이 결정된다. 보배가 질그릇에 담겨 있으면 질그릇의 맛이 보배에 스며들기도 하고 보배의 색이 바랠 수도 있다. 설교 뒤에는 사람이 있다. 사람의 전인격(全人格)이 거기 있다. 설교는 한 시간 동안 해내는 공연이 아니라 생명이 흘러나오는 것이다. 설교 한 편을 준비하는 데는 20년의 세월이 걸린다. 사람을 만드는 데에 그만한 시간이 걸리기 때문이다. 참된 설교에는 생명이 있다. 설교가 성숙해진다면 그것은 그 사람이 성장하기 때문이다. 설교가 힘이 있다면 그 사람이 힘이 있기 때문이다. 설교가 거룩하다면 그 사람이 거룩하기 때문이다. 설교에 거룩한 열정이 가득하다면 그 사람이 거룩한 열정으로 가득하기 때문이다.

바울은 "나의 복음"이라는 말을 사용했다. 이렇게 말하고서 바울이 이상한 행동으로 복음의 품위를 떨어트리거나 이기적인 목적으로 사용해서 복음을 왜곡한 적은 없었다. 바울은 복음을 자신의 위탁물로 마음과 피에 받아들여 자신의 특성에 따라 완성하고, 불타는 영혼과 정열로써 복음을 불타오르게 하고 능력 있게 했다는 점에서 나의 복음이라고 말한 것이다. 바울의 설교는 어떤 것이었는가? 그리고 지금 바울의 설교는 어디에 있는가? 영감의 바다 여기저기에 바울 설교의 뼈대와 단편들이 떠 있다! 그러나 설교보다 더 위대한 바울이라는 인물은 교회의 틀을 빚어 가는 가운데 형태와 특징과 형상을 온전히 갖추고서 영원히 산다. 설교는 한낱 목소리일 뿐이다. 목소리는 말없이 죽고, 설교 본문은 잊혀지며, 설교는 기억에서 차츰 희미해진다. 그러나 설교자는 여전히 살아 있다.

설교가 설교자보다 더 생명력이 있을 수는 없다. 죽은 사람은 죽은 설교를 하고, 그 설교를 듣는 사람을 죽인다. 모든 것이 설교자의 영적 성품에 달려 있다. 유대 시대에 대제사장은 관 앞에 붙이는 정금패에 보석으로 "여호와께 성결"이라고 새겨 넣었다. 따라서 그리스도의 사역에 종사하는 모든 설교자는 바로 이 거룩한 표어를 본받아 거룩해야 한다. 그리스도인 사역자들이 성품이나 목표의 거룩함에서 유대인 제사장보다 못하다면 말할 수 없는 수치이다.

조나단 에드워즈(Jonathan Edwards)*는 이렇게 말했다. "나는 그동안 더욱더 거룩해지고 그리스도를 더욱 닮기를 열심히 추구해 왔습니다. 나는 거룩한 천국을 소망하였습니다." 그리스도의 복음은 대중의 물결에 흔들리지 않는다. 복음에는 자기 선전 기능이 없다. 복음은 복음을 맡은 사람이 움직일 때 움직인다. 설교자는 복음을 구현해야 한다. 복음의 거룩하고 아주 독특한 특징이 설교자의 생활에서 구체적으로 드러나야 한다. 설교자에게는 사랑의 강권하는 힘이 있어야 한다. 설교자는 자기 부정을 뼛속까지 온몸으로 체득해야 한다. 사람들 가운데서 겸손으로 옷 입고 온유함으로 지내며 뱀처럼 지혜로우면서 비둘기처럼 순결한 사람이 되어야 한다. 고상하고 당당하며 독립심이 강한 왕 같은 기상을 지니면서도 어린아이처럼 부드럽고 단순한 종의 자세를 가져야 한다.

설교자는 자기를 비우는 믿음과 열심을 가지고 구원 사역에 전념해야 한다. 사람들을 굳게 붙들어 하나님을 위하는 세대로 일으키는 설교자는 마음이 따뜻하고 담대하며 동정심이 있으면서도 두려움이 없는 순교자가 되어야 한다. 설교자가 소심한 기회주의자이거나 어떻게 해서든 좋은 자리를 차지하려고 하는 사람이라면, 혹은 사람을 기쁘게 하거나 두려워하는 사람이라면, 또는 하나님이나 하나님의 말씀을 굳게

---

* 조나단 에드워즈(1703-1758)는 18세기 미국의 대각성 운동을 주도한 신학자이자 대부흥사이다. 메사추세츠주 노샘프턴을 시작으로 하나님의 말씀을 통한 신앙 회복을 주창하며 역사적 대부흥의 길을 열었다. 그가 남긴 신학적 업적과 설교들은 2백여 년이 지난 오늘날까지도 꺼지지 않는 불길로 남아 있다.

붙들지 않거나 자신의 어떤 상태나 세상의 어떤 상황에 의해 자기 부정이 깨어지는 사람이라면, 교회나 세상을 굳게 붙들어 하나님을 위해 일어서도록 할 수 없을 것이다.

설교자는 누구보다도 먼저 자신에게 아주 날카롭고 강한 설교를 해야 한다. 아주 까다롭고 정교하며 힘들고 철저한 노력을 자신에게 기울여야 한다. 그리스도께서 열두 제자를 훈련시키신 일은 위대하고 힘들며 지속적인 사역이었다. 설교자는 설교를 작성하는 사람이 아니라 사람을 만들고 성도를 기르는 사람이다. 따라서 스스로를 먼저 사람과 성도로 만든 사람만이 이 일을 위해 제대로 훈련받은 사람이다. 하나님께서 필요로 하는 사람은 재능이나 학식이나 설교에 뛰어난 사람이 아니라 거룩함과 믿음과 사랑과 충절에 뛰어난 사람, 하나님이 보시기에 위대한 사람, 곧 강단에서 거룩한 설교를 하고 언제나 그 설교대로 거룩하게 사는 사람이다. 이런 사람이 하나님을 위하는 세대를 일으킬 수 있다.

초대 그리스도인들은 이 원칙에 따라 양육되었다. 이들은 정신이 튼튼한 사람들이었고, 담대하고 충직하며 군사 같고 하늘나라 모범을 따르는 성도다운 설교자들이었다. 이 당시 사람들에게 설교는 자기를 부인하며 자기를 십자가에 못 박는 진지하고 고통스런 순교의 일이었다. 이들은 말씀을 전하되 자기 세대에만 영향을 미칠 뿐 아니라 하나님을 위하는 다음 세대가 일어나도록 했다. 설교자는 기도하는 사람이어야 한다. 기도는 설교자의 가장 강력한 무기이다. 기도는 그 자체가 막강한 힘으로서 모든 것에 생명과 힘을 불어넣는다.

참된 설교는 골방에서 만들어진다. 사람, 곧 하나님의 사람도 골방에서 만들어진다. 하나님의 사람이 지닌 생명과 깊은 신념은 하나님과의 은밀한 교제에서 생겨난다. 하나님의 사람들이 지극히 중요한 메시지를 받을 때나 지극히 감미로운 메시지를 받을 때는 모두 하나님과 홀로 있을 때였다. 기도가 사람을 만들고 기도가 설교자를 만들며 기도가 목사를 만든다. 오늘날의 강단은 기도가 약하다. 학식을 자랑하는 마음은 겸손히 의지하는 기도의 정신에 어긋난다. 기도가 강단에서 형식적으로 행해지는 예배 의식이 되는 경우가 너무도 많다. 오늘날의 강단에서는 기도가 바울의 생애나 사역에서처럼 강력한 힘이 되지 않는다. 생활이나 사역에서 기도를 강력한 힘으로 삼고 있지 않는 설교자는 누구나 하나님의 사역에서 연약한 도구이며 이 세상에 하나님의 목적을 실현하는 데 무기력할 뿐이다.

2

◆

우리의 풍족함은 하나님께 있다

아무리 귀한 은혜라도 조금만 왜곡하면 쓰디쓴 열매를 맺을 수가 있다. 태양이 생명을 주지만 태양으로 인한 일사병은 죽음을 부른다. 설교는 생명을 주기 위한 것이지만 사람을 죽일 수도 있다. 설교자는 그 열쇠를 쥐고서 문을 열 수도 있고 잠글 수도 있다. 설교는 영적 생명을 심고 기르기 위해 하나님이 정하신 위대한 제도이다. 제대로 실행하면 그 혜택은 이루 헤아릴 수 없이 많다. 잘못 실행할 경우에 그 결과로 오는 피해는 그 어떤 악보다 크다. 목자를 방심하도록 만들거나 목초지를 못 쓰게 만들면 양떼를 흩어 버리기란 쉬운 일이다. 파수꾼을 졸게 하거나 물과 음식에 독을 타면 요새를 함락시키기는 식은 죽 먹기다. 설교자가 이처럼 놀라운 특권을 부여받고 무거운 책임을 많이 질 뿐만 아니라 큰 악에 노출될 수도 있음을 생각할 때, 마귀가 설교자와 설교를 불순하게 만드는 일에 큰 영향력을 발휘하지 않는다면 그것은 마귀의 간악함을 비웃으며 마귀의 성품과 명성을 모욕하는 일일 것이다. 이 모든 사실을 생각해 보면 "누가 이 일을 감당하리요?" 하고 외친 바울의 말은 결코 틀린 것이 아니다.

바울은 이렇게 말하고 있다. "우리의 만족은 오직 하나님으로부터 나느니라 그가 또한 우리를 새 언약의 일꾼 되기에 만족하게 하셨으니 율법 조문으로 하지 아니하고 오직 영으로 함이니 율법 조문은 죽이는 것이요 영은 살리는 것이니라"(고후 3:5-6). 참된 사역은 하나님께서 손대시고 하나님께서 가능하게 하시며 하나님께서 일으키신다. 하나님의 영이 설교자에게 능력을 기름 붓듯 부으시면 성령의 열매가 설교자의 마음속에 열린다. 하나님의 영이 임하시면 사람과 말에 활력이 생긴다. 이런 사람의 설교는 샘물이 생명을 주듯이 생명을 주며, 부활이 생명을 주듯 생명을 준다. 또한 여름이 타오르는 생명을 주듯 불타는 생명을 주며, 가을이 열매 맺는 생명을 주듯 결실의 생명을 준다. 생명을 주는 설교자는 항상 마음으로 하나님을 갈망하는 하나님의 사람이다. 영혼으로 언제나 하나님을 열심히 따르며 오로지 하나님만을 쳐다보며 하나님의 영의 능력으로 육신과 세상을 십자가에 못 박고 생명의 강물이 넘쳐흐르듯 풍성한 생명의 사역을 하는 사람이다.

사람을 죽이는 설교는 성령의 감동이 없는 설교다. 그런 설교의 능력은 하나님에게서 오지 않는다. 그런 설교는 하나님보다 못한 것에서 힘과 자극을 받는다. 이런 설교자나 설교에서는 성령이 뚜렷이 나타나지 않는다. 사람을 죽이는 설교도 여러 가지 힘을 내뿜고 일으킬 수 있지만 그런 힘은 영적 힘이 아니다. 영적 힘과 비슷해 보이지만 그림자이며 위조에 불과할 뿐이다. 그런 힘이 생명을 갖고 있는 것처럼 보이지만 실은 생명의 모습만 갖추고 있을 뿐이다.

죽이는 설교는 문자에 지나지 않는다. 엄밀히 말해서 설교가 문자인 것은 사실이지만 죽이는 설교는 메마른 문자이며 속이 텅 빈 쓸모없는 껍질이다. 문자가 생명의 씨앗을 간직하고 있을 수 있지만 씨앗을 싹 틔우는 봄의 생명력은 없다. 그것은 겨울철 씨앗과 같고 겨울철 흙바닥처럼 단단하고 겨울철 공기처럼 쌀쌀해서 녹거나 싹을 틔우지 못한다. 이 같은 의문(儀文) 설교도 진리를 간직하고 있다. 하지만 신성한 진리라도 생명을 주는 에너지가 없을 수 있다. 진리는 성령으로부터 활력을 공급받아야 하고 하나님으로부터 모든 힘을 지원받아야 한다. 하나님의 영으로부터 생기를 공급받지 않으면 진리는 오류와 마찬가지로, 아니 그 이상으로 사람을 죽인다. 그 진리가 혼합물이 없는 순수한 것이더라도 성령이 없으면 그 그림자와 기운은 치명적이며 그 진리는 오류이고 그 빛은 어두움이다.

문자적인 설교는 감동이 없으며 아름다움도, 성령의 기름 부음도 없다. 그 설교에도 눈물이 날 수 있지만 하나님을 감동시키지는 못한다. 눈 덮인 빙산에 부는 한 줄기 여름 바람에 불과하고 피상적이며 감상적인 이야기에 지나지 않는다. 문자적인 설교에도 감정과 열심이 있을 수 있지만 배우의 감정이요 변호사의 열심에 지나지 않는다. 설교자가 자기 자신의 타오르는 열정으로 말할 수 있고 자기 자신의 성경 주해를 감동적으로 말하고 자신의 머리로 짜낸 설교를 간절한 심정으로 전달할 수 있다. 교수도 그같이 할 수 있고 사도의 열정을 흉내낼 수 있다. 지력과 정신력으로 그런 위치에 오를 수 있고, 성령의 사역을 가장할 수 있다. 이런 힘들을 빌리면 문자도 계시를 받은 본문처럼 타오르며 빛을 발할 수 있다. 그러나 그 불꽃과 광채는 진주를 뿌려놓은 밭처럼 생명의 열매를 맺지 못할 것이다. 말 뒤에, 설교 뒤에, 행사 뒤에, 태도 이면에, 행동 뒤에는 치명적인 요소가 있다.

가장 큰 장애는 바로 설교자 자신에게 있다. 설교자는 생명을 일으키는 강력한 힘을 스스로 갖고 있지 못하다. 정통 신앙이나 정직함, 순수함 혹은 열심에는 문제가 없을 수 있다. 그러나 그 사람, 정확히 말해서 그 속사람이 내밀한 곳에서 하나님께 완전히 굴복하지 않았을 때 그 내적 생명은 하나님의 메시지, 곧 하나님의 능력을 전달하는 통로가 되지 못한다. 그 사람의 지성소를 하나님이 아니라 그 사람의 자아가 통치하기 때문이다. 어딘가에서 자신도 전연 의식하지 못하는 사이에 영적 절연체가 속사람을 가두는 바람에 거룩한 흐름이 막혀 버린 것이다.

그 속사람은 자신의 철저한 영적 파산과 철저한 무능력을 느끼지 못한다. 하나님의 능력과 불길이 들어와 채우고 정결하게 하고 능력을 줄 때까지 자신의 절망과 무능력에 대해 이루 말할 수 없는 탄식과 함께 부르짖는 법을 배우지 못한다. 하나님을 위해 신성하게 보존해야 할 성전은 유해한 자만심과 자기 능력으로 인해 훼손되고 더럽혀진다.

생명을 주는 설교는 설교자가 많은 대가를 치른 뒤에야 나온다. 곧 자아에 대해 죽고 세상에 대해 십자가에 못 박히고 영혼이 크나큰 진통을 겪은 뒤에야 온다. 십자가에 못 박힌 설교만이 생명을 줄 수 있다. 십자가에 못 박힌 설교는 십자가에 못 박힌 사람에게서만 나올 수 있다.

3

◆

문자는 죽이는 것이다

교리적으로 흠잡을 데 없는 정통 신앙을 말하는 설교도 영혼을 죽일 수 있고 사실 그런 경우가 많다. 우리는 정통 신앙을 사랑한다. 정통 신앙은 좋은 것이다. 최상의 것이며 하나님 말씀을 명쾌하게 가르친다. 그것은 진리가 오류와 싸워 얻은 전리품이며, 터무니없는 이교 신앙이나 불신앙의 파괴적인 홍수를 막기 위해 믿음이 쌓아 올린 제방이다. 그러나 수정처럼 단단하고 투명하며 전투적인 정통 신앙이 모양이 좋고 이름도 그럴듯하며 학식이 풍부할지라도 의문(儀文), 곧 영혼을 죽이는 문자에 지나지 않을 수 있다. 죽은 정통 신앙만큼 시들어빠진 것은 없다. 너무도 철저히 죽어 버려서 생각할 수도 연구할 수도 기도할 수도 없을 정도다.

죽이는 설교도 통찰력이 있을 수 있고 원리를 깨치게 하는 바도 있을 수 있으며 학적이고 아주 인상적일 수가 있다. 문법과 어원적인 설명이 풍부할 수 있고 문자를 잘 장식하여 완벽한 형태로 만들 수 있다. 플라톤과 키케로가 계몽적인 글을 쓰듯이 사람들의 정신을 일깨우는 말을 할 수 있으며, 변호사가 연구하여 사건 개요를 작성하고 자신의 소송을 변호하듯이 성경을 연구할 수 있다. 그럴지라도 문자적인 설교는 죽이는 서리와 같을 뿐이다.

문자적인 설교가 웅변적일 수 있고 시와 미사여구로 꾸며질 수 있으며 간간이 기도를 곁들이고 감동의 양념을 치고 비범한 재능으로 사람을 깨우칠 수 있다. 그럴지라도 그것은 시체를 넣어둔 관에 지나지 않는다. 육중하고 세련되며 호사스럽게 장식하고 값비싼 아름다운 꽃으로 꾸몄을 뿐이다. 또 죽이는 설교는 학식이 없고 사고나 감정의 신선함도 풍기지 않으며 대체로 무미건조하거나 특별한 점에서도 활기가 없고 문체도 엉망이고 단정치 못하며 골똘히 연구한 흔적도 없으며 사상이나 표현이나 기도의 자취도 없을 수 있다. 이런 설교가 얼마나 광범위하고 심각한 황폐를 일으키는지! 얼마나 철저한 영적 죽음을 가져오는지!

이 문자적인 설교는 사물의 거죽과 그림자만 다룰 뿐 사물 자체를 다루지 않는다. 사물의 내부를 꿰뚫지 못한다. 하나님 말씀 속에 감춰져 있는 생명을 꿰뚫어 보는 깊은 통찰력이 없고 그 생명을 단단히 붙잡지도 못한다. 겉보기에 그 설교는 진실하다. 그러나 그 겉은 부수고 깨트려서 알맹이를 꺼내야 하는 껍데기이다. 문자는 유행에 맞게 아주 매력적으로 보이도록 옷 입힐 수 있다. 그러나 그 매력은 사람을 하나님께로 이끄는 매력이 아니고 그 유행도 하늘을 향하도록 하는 유행이 아니다. 이런 실패의 원인은 설교자에게 있다.

　하나님께서는 설교자를 그렇게 만들지 않으셨다. 그 사람은 토기장이 손에 있는 진흙처럼 하나님의 손에 있어 본 적이 없다. 그 사람은 설교를 준비하고 생각하고 손질하고 설교의 매력적이고 인상적인 힘을 생각하는데 바빴을지언정 하나님의 깊은 것들을 찾고 연구하고 헤아리고 경험한 적은 없다. 그 사람은 "높이 들린 보좌"(사 6:1) 앞에 서 본 적이 없으며 천사들의 노랫소리를 들어 보지도, 그 광경을 보지도 못했고, 하나님의 두렵고 떨리는 거룩함을 느껴 보지 못했으며, 자신의 연약과 죄책을 느끼고서 처절한 절망 가운데 부르짖어 본 적도 없는 사람이다. 자기 생활을 쇄신한 적도 마음에 감동을 받거나 마음을 깨끗이 청소한 적도 없고 하나님의 제단에 타오르는 숯불로 마음이 불타오른 적도 없는 사람이다.

　그런 사람은 목회를 통해 사람들을 자기에게 이끌고, 형식과 예식으로 사람들을 교회로 끌어들일 수는 있으나 하나님께로는 이끌지 못하며, 거룩하고 달콤한 하나님과의 대화를 하도록 이끌지도 못한다. 예배당 건물은 멋지게 꾸몄지만 교회를 깨우치지 못했으며 교회를 즐겁게 만들기는 했으나 거룩하게 하지는 못했다. 이들의 설교를 들으면 생명은 억압을 받고 여름철에도 냉기가 감돌며 땅은 바싹 말라 버린다. 우리 하나님의 도성은 죽은 자의 도성이 되고 교회는 전투태세를 갖춘 군대가 아니라 무덤이 되어 버린다. 찬양과 기도가 막히고 예배는 활기가 없다. 설교자와 설교가 사람들을 거룩함에 이르도록 하는 게 아니라 죄를 짓도록 돕고, 사람들을 이끌고 하늘로 가는 게 아니라 지옥으로 간다.

　죽이는 설교는 기도가 없는 설교다. 기도가 없으면 설교자는 생명을 주기는커녕 죽음을 가져온다. 기도가 약한 설교자는 생명을 주는 힘이 약하다. 기도를 자기 성품의 뚜렷한 특징으로 삼지 않은 사람의 설교는 생명을 주는 특별한 능력이 없다. 직업적인 기도는 지금도 있고 앞으로도 있을 것이다. 그러나 직업적인 기도는 설교가 사람을 죽이는 일을 하도록 돕는다. 직업적인 기도는 설교와 기도를 냉랭하게 만들고 죽이기까지 한다. 교인들의 신앙이 철저하지 못하거나 교인들의 기도 생활이 나태하고 불손한 것은 대부분 강단의 기도가 직업적인 탓이다.

　강단의 기도가 길고 무슨 소린지 종잡을 수 없으며 메마르고 공허한 경우가 많다. 신앙적 열정과 마음이 없는 기도는 예배의 모든 은혜를 앗아가는 서릿발과 같다. 그것은 죽음을 가져오는 기도이다. 죽음을 가져오는 기도 아래서는 경건의 모든 자취가 사라지고 만다. 죽은 기도일수록 기도 시간이 길다. 짧고 살아 있으며 성령에 따른 진심어린 기도가 먼저 있어야 강단에서 직접적이고 구체적이며 열정적이고 간단하며 감동적인 기도가 나오는 법이다. 하나님께서 생각하시는 대로 기도하는 법을 가르치는 학교가 있다면 어떤 신학교보다도 참된 경건과 참된 예배, 참된 설교를 가르치는 데 유익할 것이다.

　잠깐 멈춰 서서 생각해 보라! 지금 나는 어디에 있는가? 무엇을 하고 있는가? 죽이는 설교를 하고 있는가? 죽이는 기도를 하고 있는가? 하나님께 기도하라! 크신 하나님, 온 세상을 지으신 분, 만민의 심판자이신 하나님께 기도하라! 참으로 경외하는 심정으로! 참으로 단순하게! 참으로 진지하게! 마음속으로 얼마나 간절히 진리를 사모해야 하는지! 참으로 우리의 본모습이 어떠해야 하는지! 얼마나 진심으로 기도해야 하는지!

하나님께 기도하는 것은 인간에게 지극히 고귀한 활동이며 지극히 고상한 노력이고 지극히 참된 것이다! 영원히 저주받을 죽이는 설교와 기도를 버리고 참된 것, 지극히 강한 것 곧 믿음의 기도, 생명을 일으키는 설교를 해야 하지 않겠는가? 하늘과 땅에 영향을 미칠 지극히 강력한 힘을 가져오고 하나님의 다함없는 보고를 열어 궁핍하고 가난한 사람들에게 베풀어 주는 일을 해야 하지 않겠는가?

4

◆

피해야 할 경향들

목회에는 극단적인 경향이 두 가지 있다. 한 가지는 사람들과 접촉하는 것을 일체 금하는 것이다. 수도사, 은둔자가 이 극단을 보여주는 실례였다. 이들은 하나님과 더 가까이 지내기 위해 사람들에게서 물러났다. 물론 이들은 실패하였다. 우리와 하나님과의 교제는 비할 데 없이 귀한 그 혜택을 사람들에게 끼칠 때에만 유용하다. 이 시대는 설교자나 교인을 제쳐 둔 채 하나님께 열중한다. 우리가 바라는 것은 그 길이 아니다. 우리는 서재에 처박혀 있고, 학생이 되고 책벌레가 되고 성경광이 되고 설교 제작자가 되고 문학과 사상과 설교에 통달하게 된다. 그러나 사람들과 하나님은 어디에 있는가? 우리 마음 밖에, 우리 가슴 밖에 있다. 위대한 사상가이며 연구가인 설교자는 무엇보다도 위대한 기도자가 되어야 한다. 그렇지 않으면 하나님 보시기에 지극히 작은 설교자보다 못한 크나큰 배교자가 되고 냉정한 직업인이 될 것이다.

또 한 가지 경향은 목회를 철저하게 인기 위주로 하는 것이다. 이런 사람은 더 이상 하나님의 사람이 아니라 사람들을 보고 일하는 장사꾼이 된다. 그의 직무는 사람들을 위하는 것이기 때문에 기도하지 않는다. 그는 사람들을 감동시키고 흥미를 일으키며 종교심을 불러일으키고 교회 사역에 관심을 갖게 만들기만 하면 만족한다. 하나님과의 개인적인 관계는 이 사람의 사역에서는 그리 중요한 요소가 아니다. 그의 계획에서 기도가 차지하는 비중은 작거나 아예 없다. 이런 목회가 가져오는 재앙과 폐해는 세상의 계산으로는 헤아릴 수 없다. 설교자가 하나님께 기도할 때 그는 사람들에게 참된 선을 끼치고 있는 것이고 참된 열매를 맺고 있는 것이며 하나님과 사람에게 이 세상에서와 영원에서 참된 충성을 바치고 있는 것이다.

설교자가 많이 기도하지 않고서는 하나님으로부터 받은 거룩하고 고귀한 소명을 감당할 수 없다. 설교자가 목회 사역에 충실하기만 하면 자신을 단정하고 건강하게 세울 수 있다고 생각한다면 크나큰 오해이다. 예술이면서 의무이고 일이면서 즐거움이기도 한 설교 준비도 기도를 게을리하면 마음을 분주하게 만들고 완고하게 하며 하나님에게서 멀어지게 만든다. 과학자는 자연 속에서 하나님을 잃을 수 있다. 이와 같이 설교자도 설교 가운데서 하나님을 잃을 수 있다.

기도는 설교자의 마음을 새롭게 하고 하나님의 뜻을 따르게 하고 사람들과 생각을 일치하게 만들며, 목회가 냉랭한 직업주의에 빠지지 않게 하고 평범한 목회 일과가 열매를 맺게 만들고 하나님께서 주시는 재능과 능력으로 모든 일을 원활히 해 갈 수 있게 한다.

스펄전은 이렇게 말한다. "물론 설교자는 다른 무엇보다도 기도의 사람으로 구별된다. 설교자가 평범한 신자만큼 기도하지 않는다면 그 사람은 위선자이다. 평범한 신자보다 더 많이 기도하지 않는다면 그는 맡은 직무를 감당할 만한 자격이 없는 사람이다. 목회자로서 당신이 그렇게 많이 기도하지 않는다면 당신은 불쌍한 사람이다. 여러분이 경건한 생활에 게으르다면 당신뿐 아니라 당신 교인들도 불쌍한 사람들이며 언젠가는 당신이 부끄러워하고 당황하게 될 날이 올 것이다. 도서관과 서재를 아무리 훌륭하게 갖추고 있을지라도 기도의 골방에 비하면 헛간이나 다름없다. 우리가 장막에서 금식하며 기도하던 때가 실로 귀중한 날이었다. 그때만큼 하늘 문이 활짝 열린 때가 없었으며 그때만큼 우리 마음이 하늘의 영광에 가까이 다가간 때가 없었다."

기도로써 목회를 하려면 기도하는 분위기를 풍기기 위해 조금씩 기도하는 것으로는 되지 않는다. 기도가 몸에 배어 있어야 하며 기도가 곧 피와 살이 되어 있어야 한다. 기도는 한구석에 처박아 두어도 괜찮은 사소한 의무가 아니다. 기도는 일이나 다른 일상사에 시간을 다 뺏기고 남은 자투리 시간에 조금씩 하는 것이 아니다. 기도는 생활 가운데 가장 귀한 시간에 온 마음과 힘을 바쳐서 해야 하는 일이다. 연구하느라 혹은 목회 활동에 바쁜 나머지 기도를 하지 못하게 되어서는 안 된다. 기도가 먼저요 연구와 목회 활동은 다음이다. 연구나 목회 활동이나 모두 기도로 새 힘을 얻게 되고 효과 있게 된다.

목회에 영향을 주는 기도가 삶에 색깔을 입혀야 한다. 성품에 색깔과 성향을 입히는 기도는 소란하고 유쾌한 오락이 아니다. 기도는 그리스도께서 "심한 통곡과 눈물로"(히 5:7) 기도하셨듯이 마음과 생활에 강하게 침투해야 한다. 바울이 그랬던 것처럼 온 영혼을 쏟아부어 간절히 드려야 한다. 야고보가 말하는 "역사하는 힘이 큰"(약 5:16) 기도처럼 마음속에서 일어나는 불 같고 힘 같아야 한다. 하나님 앞에서 금향로에 담아 향을 피울 때 영적으로 심한 진통과 변혁을 일으키는 그런 기도이어야 한다.

기도는 우리가 어머니 품에서 지낼 때 익혔던 사소한 습관이 아니다. 저녁 식사를 위해 점잖게 드리는 짤막한 식사 기도도 아니다. 기도란 아주 진지한 시간에 진지하게 수행해야 하는 일이다. 기도는 오랜 식사 시간이나 잘 차려진 잔칫상보다 더 많은 시간과 욕구를 필요로 한다. 설교를 중요시하듯 기도 또한 중요하게 생각해야 한다. 기도의 성격에 따라 설교의 성격이 정해질 것이다. 가벼운 기도에서는 가벼운 설교가 나온다. 기도에 따라 설교가 힘차게 되기도 하고 거룩해지기도 하며 우스꽝스러워지기도 한다. 선한 열매를 많이 맺은 목회에는 반드시 진지한 기도가 있다.

설교자는 무엇보다도 기도의 사람이 되어야 한다. 설교자의 마음은 기도 학교를 졸업해야 한다. 기도 학교에서만 마음이 설교하는 법을 배울 수 있기 때문이다. 학식으로 기도의 태만을 벌충할 수는 없다. 아무리 열심이 있고 부지런하며 힘들여 연구하고 은사가 많다고 해도 기도의 부족을 채우지는 못할 것이다.

하나님을 대신해서 사람들에게 말하는 것도 중요하지만 사람을 대신해서 하나님께 말씀드리는 일이 훨씬 더 중요하다. 사람을 대신해서 하나님께 잘 말씀드리는 법을 배우지 못한 사람은 결코 하나님을 대신해서 사람들에게 이야기하는 일을 잘하지 못할 것이고, 제대로 성공을 거두지도 못할 것이다. 그뿐 아니라 기도 없는 강단의 말씀은 사람을 죽일 뿐이다.

5

◆

기도, 가장 중요한 일

기도는 설교자의 생활이나 서재나 강단, 어디에서든 깊은 인상을 주는 뚜렷한 힘으로서 모든 것에 스며들어야 하고 모든 것을 물들이는 요소가 되어야 한다. 기도가 부차적인 역할을 해서도 안 되고 단순한 겉치레가 되어서도 안 된다. 설교자에게 기도를 주신 것은 "기도로 밤이 새도록" 주님과 함께 지내도록 하기 위함이다. 자기를 부인하는 기도로 스스로를 훈련해야 하는 설교자는 "새벽 아직도 밝기 전에 일어나 나가 한적한 곳으로 가사 거기서 기도하신"(막 1:35) 주님을 바라보아야 한다.

설교자의 서재는 골방이 되어야 하고 벧엘이 되어야 하며 제단이 되고 환상이 되고 사닥다리가 되어야 한다. 그래서 모든 생각이 사람에게로 내려가기 전에 먼저 하늘로 올라갈 수 있도록 해야 한다. 설교의 면

면에 하늘의 향취가 나고 진중함이 묻어 나와야 하는 것은, 하나님께서 서재에 함께 계시기 때문이다.

아무리 장치가 뛰어나고 완벽하며 잘 닦아 놓은 엔진이라도 불이 지펴지지 않으면 돌아가지 않듯이 설교도 영적인 결과에 관한 기도로 불을 지피고 증기를 만들지 않으면 멈추어 있을 뿐이다. 설교가 짜임새 있고 세련되며 힘이 있다 하더라도 강력한 기도의 힘이 설교 전면에 흐르지 않으면 하찮은 잡동사니에 지나지 않는다. 설교자는 기도로써 설교에 하나님을 모셔 들여야 한다. 말로 사람들을 하나님께 이끌 수 있으려면 먼저 기도로 하나님이 사람들에게 나아가시도록 해야 한다. 설교자가 사람을 얻으려면 먼저 하나님을 뵙고 그분의 말씀을 들어야 한다. 설교자에게 있어서 하나님께로 나아가는 길은 사람들에게로 나아가는 길을 아주 확실하게 보장해 준다.

그저 늘상 하듯이 습관적으로 하거나 직업적으로 하는 기도는 죽고 썩은 기도라고 거듭 강조하여 말할 필요가 있다. 그런 것은 우리가 바라는 기도가 전혀 아니다. 지금 내가 강조하고 있는 것은 참된 기도이다. 설교자의 전 존재에 불을 지피는 기도, 그리스도와 생명으로 하나되고 성령 충만한 데서 나오는 기도이다. 깊고 넘치는 애정어린 동정의 샘에서 솟아나고 인간의 영원한 선에 대한 영구한 갈망에서 나오는 기도이며, 하나님의 영광을 위한 타오르는 열정에서 나오는 기도이다. 설교자의 임무가 어렵고 까다로우므로 하나님의 강력한 도움이 반드시 필요하다는 철저한 확신에서 나오는 기도이다. 이같이 엄숙하고 심오한 신념들에 근거한 기도만이 참된 기도이다. 이런 기도로 뒷받침이

된 설교만이 사람들 마음에 영생의 씨앗을 뿌리고 사람들이 하늘을 향하도록 변화시킨다.

인기 있는 설교, 듣기 좋은 설교, 매력 있는 설교, 지적이고 문학적이고 재기가 번뜩이는 설교가 있다. 기도를 별로 하지 않거나 전혀 하지 않고도 이처럼 모양을 잘 갖춘 설교를 할 수 있다. 그러나 하나님의 목적을 확실히 붙잡고 있는 설교는 처음부터 끝까지 기도로 일관하며 기도의 힘과 영으로 전하며 예배가 끝난 오랜 후에도 설교자의 기도로 교인들의 마음에서 싹이 트고 생생하게 보존되는 설교이다.

자기 설교가 영적으로 빈곤한 것에 대해 여러 가지로 핑계를 댈 수 있지만 진짜 이유는 성령의 능력을 힘입어 하나님의 임재를 간절히 기도하지 않는 데 있을 것이다. 설교를 기가 막히게 하는데도 그 효과는 잠시뿐이고 하나님과 사탄 사이에, 천국과 지옥 사이에 치열한 전쟁이 벌어지고 있는 영혼에까지 침투하지 못하는 설교자가 수없이 많다. 이렇게 되는 이유는 이들의 설교가 전투에서 힘 있게 싸우게 하고 영적으로 승리하도록 기도로 달구어지지 않기 때문이다.

하나님을 위해 큰 결실을 거두는 설교자는 사람들에게 호소하기에 앞서 하나님께 간절히 호소하는 사람들이다. 하나님과 단둘이 있는 골방에서 담대한 사람들이야말로 사람들 앞에서 담대할 수 있다.

설교자도 사람인지라 강한 인간 풍조를 접하고 거기에 휩쓸리는 경우가 종종 있다. 기도는 영적인 일이다. 인간 본성은 힘든 영적 일을 좋아하지 않는다. 인간 본성은 순풍을 받으며 편안히 천국으로 항해해 가기를 바란다. 기도는 자신을 낮추는 일이다. 기도는 자신의 지성과 자존심을 버리고 허영을 십자가에 못 박으며 자신의 영적 파산을 인정하는 일인데, 이 모든 것이 혈과 육으로서는 감당하기 힘든 짐이다. 이런 짐들을 지느니 차라리 기도하지 않는 것이 더 쉽다.

그래서 우리는 오늘날, 어쩌면 모든 시대에 걸쳐 큰 악 한 가지를 범한다. 그것은 곧 기도를 잘 하지 않거나 아예 하지 않는 것이다. 이 두 가지 악 중에서 기도를 조금 하는 것이 아예 하지 않는 것보다 더 악할 것이다. 기도를 조금 하는 것은 일종의 위장이요, 양심을 무마하려는 처사요, 익살극이며 기만이기 때문이다.

우리가 기도를 대수롭지 않게 생각한다는 사실이 기도에 별로 시간을 들이지 않는 데서 명백히 나타난다. 보통 설교자가 기도에 할애하는 시간은 하루 전체 시간에 비하면 얼마 되지 않는다. 설교자가 기도한다는 것이 고작 잠자리에 들기 전이나 잠자리에서 기도하거나, 아침에 옷을 입기 전에 혹은 식탁에서 잠깐 머리 숙이고 마는 것이 전부인 경우가 종종 있다. 성경 안팎의 거룩한 사람들이 기도에 쏟은 시간과 정열에 비하면 이런 기도는 얼마나 허약하고 공허하며 하찮은가! 모든 시대의 참된 하나님의 사람들의 습관에 비하면 시시하고 유치한 우리 기도는 얼마나 보잘것없고 비천한가!

기도를 지극히 중요한 일로 여기고 그 중요성을 높이 평가함에 따라 그만한 시간을 기도에 들이는 사람에게 하나님께서는 천국의 열쇠를 맡기시며, 그 사람은 그 열쇠를 가지고 이 세상에서 놀라운 영적인 일을 이룬다. 위대한 기도는 위대한 하나님의 지도자들의 표시며 인증이고 하나님을 위해 싸워온 그들의 노고를 보상해줄 면류관에 대한 보증이다.

설교자는 설교뿐 아니라 기도하는 임무도 맡았다. 그 두 가지를 다 잘하지 않는다면 사명을 제대로 수행할 수 없다. 설교자가 사람의 방언과 천사의 말로 설교할 수는 있다. 그러나 하늘의 도움을 끌어들이는 믿음으로 기도하지 못한다면 그의 설교는 "소리 나는 구리와 울리는 꽹과리"에 지나지 않아 하나님께서 영혼을 구원하는 데 영구한 도구로 쓰이지 못할 것이다.

6

◆

목회 성공의 비결은 기도이다

진정으로 성공한 목회에서는 언제든지 기도가 지배적이고 뚜렷하게 나타났다고 할 수 있다. 즉 설교자의 생활이나 그 사역의 깊은 영성에서 기도가 지배적인 힘이 되었을 때 목회가 성공한다고 말할 수 있을 것이다. 기도하지 않고서도 매우 사려 깊은 목회를 할 수 있다. 기도 없이도 설교자가 명성과 인기를 얻을 수 있다. 기도라는 윤활유를 조금만 쓰거나 아예 쓰지 않고서도 설교자의 생활이나 사역이 잘 돌아갈 수 있다. 그러나 기도가 지배적인 힘이 되지 않고서는 설교자나 교인들에게 거룩함을 일으키는 영적 목회를 할 수 없다.

기도하는 설교자만이 하나님께서 일하시도록 만든다. 하나님께서는 설교자의 설교를 당연하다는 듯이 혹은 일반 원리에 따라 도우시지 않는다. 기도와 절박한 부르짖음을 듣고서 오신다. 전심으로 하나님을 구할 때 하나님을 만난다는 사실은 회개자에게 그렇듯이 설교자에게도 해당되는 진리다. 사람들의 공감을 불러일으키는 목회는 기도하는 목회뿐이다. 기도는 설교자를 하나님과 하나 되게 하듯이 본래 사람과 하나 되게 한다. 설교자의 고귀한 직무와 책임을 감당할 수 있는 목회는 기도하는 목회뿐이다. 학력이나 학식, 책, 신학, 설교가 설교자를 만들어 내지 못한다. 오직 기도만이 그 일을 한다. 사도들의 설교 사명은 기도로 시작된 오순절 성령 강림이 이루어지기 전까지는 백지상태였다.

기도하는 사역자는 인기에 연연하지 않고 단순히 교회 일이나 세상사, 매력적인 설교에 매이지 않는 사람이며 교회 지도자나 일반 지도자의 위치를 벗어나 좀 더 숭고하고 강력한 영역, 곧 영적인 영역으로 들어간 사람이다. 거룩함은 목회자의 활동에서 나오는 산물이다. 변화된 마음과 생활이 사역의 실재, 곧 사역의 진실됨과 본질적인 성격을 아름답게 장식한다. 하나님이 그와 함께 계시기 때문이다. 그는 세상의 원칙이나 피상적인 원칙에 근거해서 목회를 계획하지 않는다. 그는 하나님의 것들을 깊이 간직하고 그것들에 정통한 사람이다. 설교자는 자기 교인들에 관해 하나님과 오래도록 깊은 이야기를 나누고 영으로 힘겹게 씨름한 결과로 하나님의 것들에 정통하게 된다. 이들에게 있어 직업인의 냉랭함은 이미 오래전 뜨거운 기도 속에 녹아버렸다.

많은 경우에 목회가 신통치 않고 또 생기가 없는 것은 기도를 하지 않는 탓이다. 어떤 목회든 기도를 많이 하지 않고서는 성공할 수 없다. 목회에서는 기도가 근본이 되어야 하고 영구히 지속되어야 하며 갈수록 더 기도에 힘써야 하고 본문이든 설교든 기도의 결과로 나와야 한다. 서재를 기도로 감싸야 하고 모든 의무에 기도가 스며들게 하며 온 영혼을 기도의 영으로 가득 채워야 한다.

하나님의 택한 백성 가운데 한 사람은 임종시에 "기도를 조금밖에 하지 못해서 유감스럽다."는 후회의 말을 했는데, 이것은 설교자로서는 슬픈 후회의 말이다. 작고한 테이트(Archibald C. Tait) 대주교*는 "더 위대하고 더 깊고 더 진실한 기도의 생활을 하고 싶다."는 말을 하였다. 우리도 그렇게 말해야 하며 또 그렇게 돼야 한다.

진정한 하나님의 설교자들은 다른 사람들과 구별되는 중요한 한 가지 특징이 있다. 그들은 기도의 사람이었다. 종종 여러 가지 다른 점이 있었지만 언제나 한 가지 공통점이 있었다. 이들은 출발점이 다르고 각기 다른 길을 통해 여행했을지라도 결국 한 점, 즉 기도라는 점에서 하나로 모였다. 이들에게 하나님은 끌어당기는 중심점이고 기도는 하나님께 이르는 길이었다. 이들은 기도를 이따금씩 하거나 정기적으로 혹은 틈틈이 조금 하지 않고 기도가 영혼에 침투하여 성품을 이루기까지 기도하였다. 기도가 교회의 역사가 되도록, 시대의 풍조에 영향을 미치도록 기도하였다. 이들은 기도에 많은 시간을 보냈는데, 시간을 정해 놓았거나 계획을 세워 놓았기 때문이 아니라 기도가 중요하고 매력 있는

---

* 아치볼드 C. 테이트(1811-1882)는 영국 성공회 성직자이다. 1868년 캔터베리 대주교직에 오른 뒤 성공회를 다시 영국 교회의 중심으로 되돌려 놓았다. 논쟁을 피하려는 소극적인 태도로 인해 비판받기도 했지만 정치적으로나 종교적으로나 당대 가장 중요한 인물이었다고 평가받고 있다.

일이라서 좀처럼 그만둘 수 없었기 때문이다.

이들에게 기도는 바울이 그랬듯이 영혼의 간절한 노력이며, 야곱이 그랬듯이 씨름하여 이기는 것이며, 그리스도께서 그러셨듯이 "심한 통곡과 눈물"이었다. 이들은 "모든 기도와 간구를 하되 항상 성령 안에서 기도하고 깨어 구하기를 항상 힘썼다"(엡 6:18). "역사하는 힘이 큰" 기도는 하나님의 힘센 군사들에게 가장 강력한 무기였다. 엘리야에 관한 말씀은 자기 세대 사람들을 하나님께로 이끈 모든 선지자와 설교자에게도 해당되는 말씀이며, 또한 그들이 경이로운 일을 행할 때 사용했던 도구가 무엇이었는지를 보여준다. 엘리야는 "우리와 성정이 같은 사람이로되 그가 비가 오지 않기를 간절히 기도한즉 삼 년 육 개월 동안 땅에 비가 오지 아니하고 다시 기도하니 하늘이 비를 주고 땅이 열매를 맺었다"(약 5:17-18).

7

◆

기도에 많은 시간을 쏟아야 한다

개인 기도는 으레 짧을 수밖에 없다. 공적 기도도 대개는 짧고 집약적이어야 한다. 열정적인 기도도 중요하고 가치가 있지만, 하나님과 개인적으로 이야기하는 데 있어서 시간은 결코 빼놓을 수 없는 중요한 요소이다. 역사하는 힘이 큰 모든 기도의 비결은 하나님과 많은 시간을 보내는 것이다. 기도에 강한 힘이 들어 있다고 느낀다면 그것은 하나님과 오랜 시간을 보낸 직접적인 결과이다. 기도가 짧을지라도 요점을 말하고 응답을 잘 받는다면 그 이전에 오랜 시간 드린 기도 덕분이다. 오랜 시간 지속적으로 힘겹게 몸부림치면서 하나님을 설득하지 못한 사람은 역사하는 힘이 큰 기도를 드릴 수 없다. 야곱이 밤새워 씨름하지 않았다면 믿음의 승리를 얻지 못했을 것이다. 잠깐 잠깐 방문해서는 하나님과 친숙해질 수 없다. 하나님께서는 어쩌다 한 번 오거나 서둘러 왔다가 가는 사람에게는 선물을 주시지 않는다.

하나님을 알고 하나님께 영향력을 행사할 수 있는 비결은 하나님과 단둘이서 오랜 시간을 보내는 것이다. 하나님은 하나님을 알고서 나오는 끈질긴 믿음에 손을 드신다. 하나님께서는 자기 소원을 아뢰는 자들에게 지극히 풍성한 선물을 주시고, 끈질기고 간절하게 기도하는 것 뿐 아니라 쉬지 않고 기도하는 것으로 인해 그런 선물을 맛보게 하신다.

다른 일뿐 아니라 이 일에서도 우리의 모범이 되시는 그리스도께서는 기도로 온 밤을 새우신 적이 여러 번 있었다. 주님은 늘상 많은 시간을 기도하셨다. 그리고 늘상 기도하러 가는 곳이 있으셨다. 오랜 시간의 기도 생활이 주님의 생애와 성품을 이룬다. 바울은 밤낮으로 기도하였다. 다니엘은 기도를 매우 중요하게 생각해서 하루에 세 번 기도하는 시간을 가졌다. 다윗이 아침과 낮과 밤에 드린 기도는 많은 경우에 틀림없이 매우 길었을 것이다. 이들이 기도에 정확히 얼마만큼 시간을 들였는지는 알 수 없지만, 기도에 많은 시간을 보냈고 때로는 오랜 시간 기도하는 것이 습관이었다는 사실은 짐작해 볼 수 있다.

물론 기도의 가치를 시간으로 잴 수 있다고 생각해서는 안 될 것이다. 지금 내가 말하고자 하는 바는 하나님과 단둘이서 오랜 시간을 보낼 필요가 있음을 강조하는 것이다. 그래서 믿음으로 이런 특징을 보이지 않았다면 그 신앙은 연약하고 피상적이라고 보아야 할 것이다.

성품 가운데서 그리스도의 형상을 아주 충만하게 드러내고 그리스도를 위해 세상에 아주 강력한 영향을 끼친 사람들에게서 보이는 삶의 뚜렷한 특징은 하나님과 아주 오랜 시간 함께 지내는 것이었다. 찰스 시미언(Charles Simeon)*은 새벽 4시부터 아침 8시까지 4시간을 하나님께 바쳤다. 감리교의 창시자 존 웨슬리(John Wesley)는 매일 2시간을 기도하였으며, 새벽 4시에 기도를 시작하였다. 웨슬리를 잘 알고 있는 사람이 그에 대해 이렇게 썼다. "웨슬리는 기도를 다른 어떤 일보다도 중요하게 생각하였다. 웨슬리가 거의 광채가 나는 것처럼 평온한 얼굴을 하고서 골방에서 나오는 것을 보았다."

존 플레처(John Fletcher)**는 "자기 방의 벽을 기도의 숨결로 얼룩지게 했다." 때로는 온 밤을 새워 기도하였으며 항시 아주 간절히 기도하였다. 플레처의 일생은 기도의 생애였다. "내 가슴을 들어 하나님께 닿게 하지 않고서는 자리에서 일어나지 않겠다."고 플레처는 말했다. 그는 친구를 만나면 늘 이런 식으로 인사말을 하였다. "우리 만났으니 기도할까?"

루터는 이렇게 말했다. "매일 아침 2시간 기도하지 못하면 그 날은 마귀가 승리한다. 나는 일이 너무 많아 매일 3시간씩 기도하지 않고서는 배겨낼 수 없다." "기도를 잘한 사람은 연구도 잘한 것이다."가 루터

---

* 찰스 시미언(1759-1836)은 영국의 복음주의 성직자이다. 의식에 치중하는 고(高)교회파에 반대하여 개신교에 입각한 저(低)교회파 운동을 이끌었다. 1782년 23세의 나이로 케임브리지 홀리트리니티 교회의 관할 사제로 임명받은 뒤 죽는 날까지 그곳에서 목회하며 하나님의 말씀을 전했다.

** 존 플레처(1729-1785)는 웨슬리 시대의 대표적인 목회자이다. 스위스 출신으로 1750년 영국으로 이주한 뒤 감리교를 접하고 열렬한 신도가 되었다. 위대한 감리교 신학자이기도 했던 그는 존 웨슬리의 신앙의 동료로서 평생을 하나님께 헌신했다.

의 표어였다.

대주교 레이턴(Robert Leighton)은 너무 많은 시간을 하나님과만 지내서 늘상 묵상하고 있는 것처럼 보였다. 레이턴의 전기 작가는 "기도와 찬양은 대주교의 일이자 즐거움이었다."고 말했다. 켄(Thomas Ken) 주교는 하나님과 아주 많은 시간을 보내고 있어서 그의 영혼이 하나님께 흠뻑 빠져 있다는 말을 들었다. 매일 아침 시계가 3시를 알리기도 전에 그는 벌써 하나님과 함께 있었다. 애즈베리(Francis Asbury) 주교는 이렇게 말했다. "나는 할 수 있는 한 새벽 4시에 일어나 2시간 동안 기도와 묵상으로 지내려고 한다."

경건의 향기가 아직도 짙게 풍기는 새뮤얼 러더퍼드(Samuel Rutherford)는 기도 속에서 하나님을 만나기 위해 새벽 3시에 일어났다. 조셉 얼라인(Joseph Alleine)*은 8시까지 기도하기 위해서 4시에 일어났다. 자기가 일어나기도 전에 신문 배달부의 일하는 소리를 들으면 "아, 부끄러운지고! 내 주께서 저 사람의 정성보다 못한 대접을 받으시다니!" 하고 외치곤 하였다. 이 일을 잘 배운 사람은 마음대로, 눈에 띄는 대로 하늘의 다함이 없는 은행을 이용할 수 있을 것이다.

스코틀랜드 설교자 가운데 지극히 거룩하고 탁월한 재능을 지닌 한 사람은 이렇게 말한다. "나는 하나님과 교제하는 일에 가장 귀중한 시

---

* 조셉 얼라인(1634-1668)은 영국의 대표적인 비(非)국교도 설교가이다. 청교도 박해로 투옥되는 등 고난을 겪으면서도 믿음을 꺾지 않고 하나님을 섬겼다. 얼라인의 대표 저서인 『회개하지 않은 자에게 보내는 경고』(CH북스, 2015)는 그가 죽은 뒤인 1672년 출간된 이래 휫필드와 스펄전 등을 비롯해 많은 사람들에게 영향을 끼쳤다.

간을 내야 한다. 그것은 내게 가장 고귀하고 결실이 풍성한 일이므로 구석에 처박아 두어서는 안 된다. 아침 6시부터 8시까지는 아무 방해를 받지 않는 시간이므로 그 시간을 이용해야 한다. 차를 마시고 난 다음은 내게 더할 수 없이 좋은 시간이므로 그 시간을 엄숙히 하나님께 바쳐야 한다. 잠자리에 들기 전에 기도하는 오래된 이 좋은 습관을 그만두어서는 안 되고 기도 중에 잠들지 않도록 조심해야 한다. 밤에 자다가 깨면 일어나서 기도해야 한다. 아침 식사 후의 짧은 시간에는 중보 기도를 드려야 한다."

이는 로버트 M. 맥셰인(Robert M. McCheyne)**의 기도 계획이다. 기억할 만한 이 감리교도의 기도 습관은 우리를 부끄럽게 한다. "아침 4시부터 5시까지 개인 기도, 오후 5시부터 6시까지 개인 기도."

** 로버트 M. 맥셰인(1813-1843)은 스코틀랜드의 목회자이다. 1839년 선교를 위해 팔레스타인에 파견되었다가 이후 스코틀랜드와 영국 북부 지방에서 목회했다. 그가 29세에 발진티푸스로 삶을 마감한 뒤 오랜 친구였던 앤드루 보나가 그의 원고를 엮어 회고록을 출판했는데, 이로 인해 맥셰인의 경건한 삶이 세상에 널리 알려지게 되었다.

8

◆

모범적인 기도의 사람들

윌슨(Daniel Wilson) 주교는 이렇게 말했다. "헨리 마틴(Henry Martyn)*의 일기에서 무엇보다도 기도의 정신, 기도에 바친 시간, 기도의 열정을 보고서 나는 충격을 받았다."

페이슨(Edward Payson)은 자주 그리고 하도 오랫동안 무릎 꿇고 기도하는 바람에 단단한 마루에 홈이 패였을 정도였다. 페이슨의 전기 작가는 이렇게 쓰고 있다.

---

* 헨리 마틴(1781-1812)은 영국 성공회 출신으로 인도에서 사역한 선교사이다. 데이비드 브레이너드의 『일기』(『데이비드 브레이너드 생애와 일기』 CH북스, 2009)에 감명받아 일생을 선교 사역에 바쳤다. 헌신적으로 복음을 전하는 동시에 힌디어와 페르시아어로 성경을 번역하는 업적을 이루기도 하였으나, 안타깝게도 말라리아로 요절하였다.

상황이 어떠하든 간에 끊임없이 기도하는 생활이야말로 그의 생애에서 가장 두드러진 사실이며 그에 못지않게 탁월하고자 하는 모든 사람들이 해야 할 바가 무엇인지 가르쳐 준다. 그가 계속해서 거둔 두드러진 성공은 그의 열렬하고 끈기있는 기도 덕분임이 틀림없다.

그리스도를 더없이 소중하게 여겼던 드랑티(Gaston J. B. DeRenty) 후작(侯爵)이 한번은 사환에게 30분이 지나면 기도실에 와서 불러달라고 시켰다. 시간이 되어 사환이 기도실 틈으로 드랑티의 얼굴을 들여다 보았다. 그런데 그 얼굴이 어찌나 거룩하던지 사환은 주인을 방해하고 싶지 않았다. 드랑티의 입은 움직이고 있었지만 소리는 전혀 나지 않았다. 사환은 1시간 반이 지나기를 기다렸다가 주인의 이름을 불렀다. 드랑티가 일어서서 나오더니 그리스도와 말씀을 나누기에 30분은 너무 짧은 시간이라고 말했다.

브레이너드(David Brainerd)**는 이렇게 말했다. "나는 오두막집에 혼자 있는 게 좋다. 그곳에서는 오랜 시간 기도할 수가 있다."

감리교 역사에서 윌리엄 브램웰(William Bramwell)***은 뛰어난 거룩

** 데이비드 브레이너드(1718-1747)는 북아메리카 인디언 선교의 개척자이다. 코네티컷주 해덤에서 태어나 1739년 예일대학교에 진학하였지만 3년 뒤 학교를 그만두고 신학을 공부했다. 1743년 인디언 선교사로 활동하기 시작하였으며, 각고의 노력 끝에 "놀랄 만한 은혜의 사역"을 체험하게 되었으나 병으로 안타깝게 숨을 거두었다. 그의 『일기』는 경건 서적의 고전으로서 수많은 사람에게 영감을 주고 있다.

***윌리엄 브램웰(1759-1818)은 수많은 사람들을 감화시킨 감리교 전도자이다. 존 웨슬리의 설교를 접한 뒤 열정적인 전도자로 거듭난 브램웰은 1786년 정식 감리교 전도자가 된 이후

함과 설교의 놀라운 성공 그리고 놀라운 기도 응답으로 유명한 사람이다. 브램웰은 어떤 때에 몇 시간씩 기도하곤 했다. 항시 기도하며 살다시피 하였다. 자신의 목회지를 순회할 때에도 불꽃 같은 태도로 설교하였다. 기도할 때 그 불길이 타올랐다. 은퇴하고 나서는 한 번 기도할 때 몇 시간씩 보내는 경우가 종종 있었다.

앤드류스(Lancelot Andrewes) 주교는 매일 기도와 묵상으로 무려 5시간이나 보냈다.

헨리 하블록(Henry Havelock) 경은 언제나 하루의 첫 2시간을 주님과 단둘이 지내는 데 보냈다. 야영을 새벽 6시에 시작한다면 그는 4시에 일어났다.

얼 캐언스(Earl Cairns)는 매일 6시에 일어나 1시간 30분 동안 성경 공부와 기도를 하고 나서 7시 45분에 가정 예배를 인도하였다.

저드슨(Adoniram Judson) 박사*가 응답 받는 기도를 잘 드린 비결은 기도에 많은 시간을 쏟은 데 있다. 이 점에 대해 저드슨 박사는 이렇게 말한다. "할 수 있는 대로 일을 잘 조정해서 매일 여유 있게 두세 시간을 낼 수 있도록 하라. 단순히 경건 연습만을 위해서가 아니라 은밀히

33년간 끊임없이 복음 전하기에 힘썼다. 그의 설교는 놀라운 부흥을 일으켰으며 그로 인해 수천 명의 사람들이 하나님을 접했다.

* 아도니람 저드슨(1788-1850)은 버마(미얀마) 선교의 선구자이다. 미국인 최초의 선교사로 불교 국가였던 버마 선교에 일생을 바쳤으며, 20여 년에 걸쳐 성경 전체를 버마어로 번역하는 등 많은 업적을 이루었다. 버마-영국 전쟁 중에 간첩 혐의로 체포되어 고난을 겪기도 했지만 굳건한 신앙으로 시련을 이겨내고 마지막까지 선교를 이어나갔다.

하나님께 기도하고 하나님과 교제하기 위해서 그렇게 하라. 이따금씩 어떤 날은 일과 회사에서 손을 떼고 한적한 곳에 가서 영혼을 하나님께 드리도록 하라. 한밤중에 일어나 밤의 고요와 어둠 가운데서 이 신성한 일에 시간을 냄으로써 하루를 시작하라. 동트기 시작하는 시간에도 이 신성한 일을 하라. 오전 9시, 낮 12시, 오후 3시, 6시, 밤 9시에도 그같이 하라. 굳게 결심하고 밀고 나가라. 이 기도 생활을 유지하기 위해서 실제로 희생할 수 있는 것들은 모두 희생하도록 하라. 시간이 짧다는 것을 생각하고, 일과 회사에 휘둘려 당신의 하나님을 빼앗기지 않도록 하라.”

   사람들은 이것을 실행할 수 없는 광신적인 지침이라고 말한다. 저드슨 박사는 그리스도를 위하여 한 국가에 깊은 인상을 심어 주었고, 파괴되지 않는 화강암으로 미얀마의 심장부에 하나님 나라의 기초를 놓았다. 저드슨 박사는 그리스도를 위하여 세상에 강력한 인상을 심어 놓는 데 성공한 몇 안 되는 사람이었다. 그보다 재능이 많고 자질이 뛰어나고 학식도 높은 사람이 많지만 그만큼 강력한 인상을 심어 주지는 못했다. 많은 사람들의 종교 활동이 모래밭에 찍힌 발자국 같다면 저드슨은 다이아몬드에 자신의 사역을 새겨 놓은 셈이다. 그의 사역이 그만큼의 깊이와 내구성을 갖는 비결은 그가 기도에 많은 시간을 쏟았다는 사실에 있다. 저드슨은 빨갛게 달구어진 쇠를 기도로써 계속해서 식지 않게 했고 하나님께서는 능력으로써 그것을 다듬어 주셨다. 기도의 사람이 되지 않고서는 아무도 하나님을 위하여 큰 일을 지속적으로 이룰 수 없다. 또 기도에 많은 시간을 들이지 않고서는 아무도 기도의 사람이 될 수 없다.

기도는 그냥 아무 생각 없이 무덤덤하게 습관적으로 하는 것이란 말이 옳은가? 무덤덤하고 짧고 피상적인 말만 되풀이하도록 훈련받는 하찮은 일이 기도인가? "흔히 사람들이 생각하듯 기도란 긴장이 풀어진 몽롱한 상태에서 짧게는 수 분, 길게는 한두 시간 동안 나른하게 진행되는 감정의 연극이라는 얘기가 옳은 말인가?" 리든(Henry P. Liddon)*은 계속해서 이렇게 말한다.

진실로 기도한 사람들의 얘기를 들어 보자. 때로 이들은 족장 야곱이 보이지 않는 어떤 권세자와 함께 씨름한 것을 기도라고 말하는데, 그 씨름은 밤늦은 시간까지 혹은 새벽까지 격렬하게 지속될 수가 있다. 때로 이들은 바울과 함께 드리는 공동의 도고를 공동으로 수행하는 싸움이라고 부른다. 기도할 때 이들은 예수님이 겟세마네 동산에서 하신 그 위대한 도고를 바라보았다. 그분이 복종과 희생에 대한 고뇌로 땅에 흘린 핏방울을 바라본 것이다. 끈질김이야말로 효력 있는 기도의 핵심이다. 끈질김이란 꿈꾸는 듯한 상태를 말하는 게 아니라 한결같은 수고를 뜻한다. 천국이 침노를 당하고 침노하는 자가 물리력으로 천국을 취하는 일은 특별히 기도를 통해서 이루어진다. 작고한 해밀턴(Walter K. Hamilton) 주교는 이렇게 말했다. "기도란 우리가 지극히 흥미롭고도 매우 필요한 주제들을 대할 때 생기는 열심을 가지고서 준비해야 하는

* 헨리 P. 리든(1829-1890)은 영국의 성공회 성직자이다. 1866년 뱀프턴에서의 설교로 명성을 얻기 시작하여, 4년 후 런던 세인트폴 대성당 참사회원(cannon)에 임명되었다. 예배 때마다 수천 명의 사람들이 그의 설교를 듣기 위해 모여들었다고 한다. 뛰어난 신학자로서 옥스퍼드대학교의 성경 해석 교수를 지내기도 했다.

것이며, 기도를 인내로 견뎌야 하는 일로 생각하고 시작하지 않는 사람은 누구든 기도에서 큰 유익을 보지 못할 것이다."

9

◆

하루를 기도로 시작하라

이 세상에서 하나님을 위해 아주 큰 일을 했던 사람들은 새벽부터 무릎을 꿇었다. 하나님을 구하기보다는 다른 일을 하느라 이른 아침 시간의 기회와 신선함을 낭비하는 사람은 나머지 시간에도 하나님을 구하는 일에 별 진전을 보지 못할 것이다. 아침에 일어났을 때 하나님이 우리 생각과 활동에 제일 먼저 오지 않는다면 그날 나머지 시간에도 하나님은 맨 마지막 순서를 차지할 것이다.

이같이 일찍 일어나 기도하는 것 이면에는 하나님을 구하도록 우리를 몰아치는 간절한 열망이 있다. 활기 없는 아침은 활기 없는 마음의 표시이다. 아침에 하나님을 구하는 일을 내켜 하지 않는 마음은 하나님에 대한 흥미를 잃어버린 것이다. 다윗의 마음은 하나님을 구하는 일에 열렬하였다. 다윗은 하나님을 갈망하고 목말라하였다. 그래서 동트기 전 일찍부터 하나님을 찾았다. 침대에 누워 잔다고 해서 그의 영혼에서 하나님을 찾는 간절함이 사라지는 것은 아니었다. 그리스도께서는 하나님과의 친교를 갈망하셨다. 그래서 새벽 미명부터 일어나 산으로 가 기도하셨다. 잠에서 깨어나 잠에 탐닉했던 자신들의 모습을 부끄러워하던 제자들은 어디 가야 예수님을 찾을 수 있는지 알고 있었다. 하나님을 위해 이 세상에 강력한 인상을 남겼던 사람들을 잘 조사해 보면 그들이 일찍부터 하나님을 구한 것을 알 수 있을 것이다.

하나님을 향한 열망이 있어도 잠을 떨쳐버릴 수 없는 정도라면 연약한 것이며, 그런 열망으로는 잠을 충분히 자고 난 후에도 하나님을 위해 할 수 있는 일이 별로 없을 것이다. 하나님을 향한 열망이 하루의 시작부터 마귀와 세상에 아주 멀리 뒤처지면 결코 따라잡지 못할 것이다.

단순히 일찍 일어난다고 해서 전선에 나가 하나님 군대의 총사령관이 될 수 있는 것이 아니다. 방종한 모든 사슬을 흔들어 깨트릴 수 있는 열렬한 갈망이 있어야 한다. 그러나 일찍 일어나야 그런 갈망이 표출되고 증가하며 힘을 얻게 된다. 그냥 잠자리에 누워 잠을 즐겼다면 그 갈망은 사그러지고 말았을 것이다. 이런 갈망이 있었기에 이들은 일찍 일어나 하나님을 위하여 긴장하고 지냈고, 이같이 주의하고 소명에 따라 행동하며 믿음으로 하나님을 굳게 붙잡을 수 있었고, 마음으로 달콤하기 그지없는 하나님에 대한 계시를 충만히 받을 수 있었으며, 이같이 믿음에 힘을 얻고 충만한 계시를 받음으로 뛰어난 성도가 되었고, 이들의 성도됨의 영광이 우리에게까지 전해져서 우리는 이들이 이룩해 놓은 것들을 즐긴다. 그러나 사람들은 마음껏 즐길 줄만 알지 생산할 줄은 모른다. 사람들은 성인의 무덤을 만들고 묘비는 세우면서 그들의 모범은 어떻게 해서든지 따르려고 하지 않는다.

사람들에게는 하나님을 구하되 아침 일찍 구하는 설교자가 필요하다. 아침 이슬 같은 신선한 활동을 하나님께 바치고 그 대가로 신선하고 충만한 능력을 받아 비록 그날 하루가 아주 덥고 수고로울지라도 사람들에게 아침 이슬처럼 기쁨과 힘의 원천이 될 수 있는 설교자가 필요하다. 하나님을 구하는 일에 나태한 것은 결코 좌시할 수 없는 죄이다. 이 세상 자녀들은 우리 그리스도인들보다 훨씬 더 지혜롭다. 그들은 아침 일찍부터 밤늦게까지 부지런히 일한다. 우리는 하나님을 구하는 일에 그들처럼 열렬하지도 부지런하지도 않다. 열심히 하나님을 찾지 않는 사람은 하나님을 만나지 못하며 이른 아침에 하나님을 찾지 않는 사람은 결코 하나님을 열심히 구하지 않는다.

10

◆

기도와 경건의 일치

거룩한 남녀들이 이보다 더 크게 필요했던 적이 없었고 하나님께 헌신한 거룩한 설교자들보다 더 긴급히 요청되는 것은 예전이나 지금이나 없다. 세계는 급변하고 있다. 사탄은 지금도 세상을 장악하고 지배하며 세상의 모든 움직임을 이용해 자기의 목적을 달성하려고 애쓴다. 종교는 최선의 노력을 기울여야 하며 지극히 매력적이고 온전한 모범을 보여야 한다. 오늘날의 성도들은 지극히 고상한 이상과 지극히 큰 가능성에 고무되되 성령을 통해서 그래야 한다.

바울은 에베소 교인들이 성도됨의 너비와 길이와 높이와 깊이를 깨달아 "하나님의 모든 충만하신 것으로 충만하게"(엡 3:19) 되도록 기도하였다. 에바브라는 골로새 교인들이 "하나님의 모든 뜻 가운데서 완전하고 확신 있게 서도록"(골 4:12) 갖은 수고를 다하고 뜨거운 기도를 간절히 드렸다. 사도 시대에는 하나님의 백성 모두와 각 사람이 "하나님의 아들을 믿는 것과 아는 일에 하나가 되어 온전한 사람을 이루어 그리스도의 장성한 분량이 충만한 데까지 이르도록"(엡 4:13) 어디서든 전력을 기울였다.

난쟁이라고 해서 특혜가 주어지지 않았고 갓난아이로 오래 지낸다고 격려를 해 주지도 않았다. 아이는 자라야 하고 나이든 사람은 연약하지 말고 나이에 맞게 열매를 맺어야 하고 살찌우고 번성해야 한다. 종교에서 가장 신성한 것은 거룩한 남녀이다.

돈이 아무리 많고 자질이 아무리 뛰어나며 교양이 아무리 높다고 해도 그것으로 하나님의 일을 진척시킬 수는 없다. 영혼을 힘 있게 하는 거룩함, 사랑으로 불타오르며 더 큰 믿음, 더 많은 기도, 더 뜨거운 열심, 더 깊은 헌신을 갈망하는 전인격(全人格), 바로 이것이 능력의 비결이다. 우리에게는 이런 것이 필요하며 이런 것을 구비해야 한다. 사람들은 이같이 하나님에 의해 불타오르는 헌신의 화신이 되어야 한다. 이런 것이 없으므로 하나님의 진군이 멈췄고 하나님의 대의가 힘을 잃었으며 하나님의 명예가 손상되었다. 아무리 뛰어나고 타고난 천재라도, 아무리 박식하고 세련된 교육이라도, 지위나 위엄, 위치, 명예, 높은 성직이라도 하나님의 전차를 움직일 수 없다. 존 밀턴(John Milton) 같은 천재도 움직이지 못한다. 황제 같은 권력을 쥔 레오 교황 같은 사람도 실패한다.

하지만 브레이너드의 영은 하나님의 전차를 움직일 수 있다. 브레이너드의 영혼은 하나님을 위하여 불타고 있었고 다른 영혼들을 위하여 불타고 있었다. 세속적이고 이기적인 어떤 것도 이같이 강력하게 밀어붙이고 모든 것을 태워 버리는 힘과 불꽃은 사그러뜨리지 못했다.

기도는 경건의 수로이자 원천이다. 경건의 영은 곧 기도의 영이다. 기도와 경건은 영혼과 몸이 하나이듯이, 생명과 심장이 연합되어 있듯이 연합되어 있다. 경건이 없다면 참된 기도가 있을 수 없고, 기도가 없다면 경건이 있을 수 없다. 설교자는 지극히 거룩한 경건으로 자신을 하나님께 드려야 한다. 설교자는 직업인이 아니며 목회는 직업이 아니다. 목회는 신성한 제도이며 신성한 소명이다. 설교자는 하나님께 헌신한 사람이다. 설교자의 목표와 열망과 큰 뜻은 하나님을 위한 것이며 하나님께 대한 것이다. 따라서 이런 사람에게 기도는 음식이 생명에 필수적이듯 필수적이다.

설교자는 다른 무엇보다도 자신을 하나님께 바쳐야 한다. 설교자의 이 같은 헌신은 목회 사역의 표지이자 신임장이다. 설교자의 헌신은 분명하고 최종적이며 틀림없어야 한다. 설교자의 경건은 일반적이고 피상적이어서는 안 된다. 설교자가 은혜에서 뛰어나지 않으면 모든 것에서 뛰어나지 못한다. 설교자가 생활과 성품과 행동으로 설교하지 못하면 다른 무엇으로도 설교할 수 없다. 설교자의 경건이 가벼우면, 그의 설교가 음악처럼 부드럽고 감미로우며 아볼로처럼 타고난 재능이 있을지라도 그 무게는 깃털처럼 가볍고 아침 구름이나 땅의 이슬처럼 허망하고 덧없을 것이다. 설교자의 성품과 행동에서 하나님에 대한 헌신을 대신할 수 있는 것은 없다. 교회에 대한 헌신, 사상에 대한 헌신, 조직에 대한 헌신, 정통 신앙에 대한 헌신이 영감의 원천과 소명의 의지가 되면, 그것은 무가치하고 사람을 오도하는 헛된 것이 된다.

설교자에게는 바로 하나님이 활동의 주요 동기가 되어야 하고 모든 수고의 원천이자 영광이 되어야 한다. 예수 그리스도의 이름과 명예, 그리스도의 대의의 진척이 가장 중요한 동기가 되어야 한다. 설교자는 오직 예수 그리스도의 이름에서 영감을 얻어야 하고, 그리스도를 영화롭게 하는 것만이 그 야망이 되어야 하고, 수고는 오직 그리스도를 위해서만 바쳐야 한다. 그렇게 하면 기도가 설교자의 계몽의 원천이 되고 지속적인 진보의 수단이 되며 성공의 표준이 될 것이다. 설교자가 소중히 여길 수 있는 영속적인 목표와 유일한 야망은 하나님을 모시고 사는 것이다.

하나님의 대의를 위한 간절한 기도가 오늘날만큼 절실하게 필요했던 때는 없었다. 깊고 간절한 기도를 드리는 시대나 사람이 아니고서는 어떤 시대나 사람도 복음의 능력을 보여주지 못할 것이다. 기도하지 않는 세대는 하나님의 능력을 제대로 보여주지 못할 것이다. 기도하지 않는 마음은 이같이 높은 고지를 결코 오르지 못할 것이다. 지금 시대가 이전 시대보다 나을 수는 있다. 그러나 진보하는 문명의 힘으로 시대가 개선되는 것과, 기도의 힘으로 거룩함과 그리스도를 닮음이 증가하여 시대가 개선되는 것 사이에는 하늘과 땅만큼의 차이가 있다.

예수께서 세상에 오셨을 때 유대인들의 형편은 이전 그 어느 때보다도 훨씬 더 나았다. 그때는 바리새 종교의 황금시대였다. 종교적 전성기를 누리던 때에 그들은 그리스도를 십자가에 못 박았다. 이때만큼 기도가 성행했던 때가 없었으며 이때만큼 기도가 적었던 때도 없었다. 이 때만큼 제사가 많았던 때가 없으며 이때만큼 제사가 적었던 때도 없었다. 이때만큼 우상숭배가 적었던 때가 없었으며 이때만큼 우상숭배가 횡행하던 때도 없었다. 이때만큼 성전 예배가 흔했던 때가 없었으며 이때만큼 하나님에 대한 예배가 적었던 때도 없었다. 이때만큼 말뿐인 예배가 성행했던 때가 없었으며 이때만큼 마음의 예배가 적었던 때가 없었다! 입으로는 하나님을 섬겼고 마음과 손으로는 하나님의 아들을 십자가에 못 박았다. 이때만큼 교회 다니는 사람이 많았던 때가 없었으며 이때만큼 성도가 적었던 때가 없었다.

기도의 힘이 성도를 만든다. 거룩한 성품은 참기도의 능력으로 빚어진다. 참된 성도일수록 그만큼 기도를 더 많이 한다. 기도를 많이 할수록 그만큼 진실한 성도가 된다.

11

◆

경건의 모범

하나님께서는 이같이 헌신한 기도의 설교자들, 곧 생활에서 기도가 강력하고 지배적이고 뚜렷한 힘을 발휘하였던 사람들이 많이 있었고 지금도 많이 있다. 세상은 이들의 능력을 보았다. 하나님께서도 이들의 능력을 보시고 그 능력을 영예롭게 하셨다. 하나님의 대의가 이들의 기도로 강력하고 신속하게 진척되었고 거룩함이 그들의 성품에서 하나님의 광채를 발하며 빛났다.

그 활동과 이름이 역사에 기록된 데이비드 브레이너드 같은 사람이야말로 하나님께서 찾으시던 사람이었다. 브레이너드는 보통 사람이 아니었다. 똑똑하고 천부적인 재능이 있는 동료들, 곧 누구나 맡고 싶어 하는 강단을 맡을 만하고, 아주 세련되고 교양 있는 사람들 가운데서 일하기에 적격인 사람들 중에서도 단연 돋보이는 사람이었다. 그 세련되고 교양 있는 사람들은 브레이너드를 목회자로 모시려고 안달하였다.

조나단 에드워즈는 브레이너드에 대해 이렇게 증언한다. 브레이너드는 "재능이 뛰어난 젊은이였고, 사람과 사물에 대해 탁월한 식견이 있었으며 보기 드문 화술을 지녔고 신학에 능통했다. 실로 그 사람은 아주 젊으면서도 매우 거룩하였는데 특히 실천적인 신앙의 문제에서 그러했다. 참종교의 성격과 본질에 대해 그 나이에 그만큼 분명하고 정확하게 알고 있는 사람을 본 적이 없다. 그의 기도하는 태도는 매우 독특하여서 그에 필적할 만한 사람이 있을지 모르겠다. 브레이너드는 학식이 상당하였고 설교에 탁월한 은사를 보였다."

지상에 있는 전기 중에서 데이비드 브레이너드에 대한 기록만큼 장엄하게 쓰인 것은 없다. 이런 사람의 생애와 활동만큼 기독교의 진실성을 신성하게 증거한 이야기는 없다. 브레이너드는 미국의 야만 지역에서 홀로, 그것도 치명적인 질병을 안고 영혼을 돌보는 일에 훈련도 받지 않은 채 서투른 통역자만을 앞세우고 밤낮으로 씨름하였다. 마음과 손에 하나님 말씀을 들고서 영혼에 거룩한 불길을 담고 기도하며 영혼을 하나님께 쏟아부을 시간과 장소만을 갖고서 오랜 시간 인디언을 만난 브레이너드는 하나님께 대한 예배를 확립하였고 사람들이 그 예배의 은혜로운 모든 결과를 맛보게 해 주었다. 인디언들은 무지하고 비천한 이교의 포로에서 순수하고 경건하며 지성적인 그리스도인들로 크게 변하였다. 모든 악을 개혁하고 기독교의 모든 외적 의무들을 받아들여 실행하였으며 신앙의 내적 은혜로 아름다움과 힘을 점점 더 강력하게 드러내 보였다. 이런 결과를 가져온 비결은 외적 조건이나 우연한 사건에 있던 게 아니고 브레이너드 자신에게, 바로 브레이너드라는 사람에게 있었다.

브레이너드는 하나님의 사람이었다. 처음도 끝도 항시 하나님을 위해 살았다. 하나님께서는 그를 통하여 막힘없이 흐르실 수 있으셨다. 전능한 은혜가 브레이너드의 마음 상태 때문에 막히지 않았다. 하나님께서 아주 충만히 그리고 강력하게 통과하실 수 있도록 전 수로가 넓혀지고 깨끗이 청소되었다. 그래서 하나님께서 전능하신 능력으로 희망이 없는 야만적인 황무지를 꽃이 피고 열매 맺는 정원으로 바꾸어 놓으셨다. 하나님께서 함께 일할 바른 사람만 구하실 수 있다면 하시기 어려운 일이란 전혀 없다.

브레이너드는 거룩한 기도의 생활을 하였다. 브레이너드의 일기는 금식, 명상, 은거에 대한 기록만으로 가득하다. 브레이너드는 매일 몇 시간씩을 개인 기도로 보냈다. "집에 돌아와 묵상과 기도, 금식에 전념하면 내 영혼은 금욕과 자기 부인, 겸손, 세상의 모든 것들과의 결별을 갈망한다. 세상에서 할 일은 아무것도 없다. 다만 세상에서 하나님을 위하여 살려고 정직하게 애쓸 뿐이다. 나는 단 한 순간도 세상이 주는 것을 위해 살고 싶지 않다." 브레이너드의 말이다. 브레이너드는 이 고상한 규칙을 따라 기도하였다:

하나님과의 친교에서 오는 즐거움과 하나님 사랑의 강권하는 힘을 다소라도 느끼고, 그 사랑의 힘이 참으로 놀랍게 내 영혼을 사로잡고 하나님께 중심을 둔 모든 소원과 사랑을 일으킨다는 것을 얼마간이라도 깨닫고서, 나는 오늘 전적으로 금식하고 기도하면서 하나님께서 복음 전파라는 이 크나큰 일에 대해 지도하고 복 주시기를 구하며 주께서 내게로 돌이키시어 그 얼굴 빛을 비추시기를 구했다. 오전에는 활기와 힘이 도무지 없었다. 오후가 가까워지자 하나님께서 내게 힘을 주시어 출석하지 않은 친구들을 위해 간절히 중보 기도를 올릴 수 있었고 밤에는 하나님께서 기도 중에 놀랍게도 내게 찾아오셨다. 내 영혼이 전에 없던 심한 고뇌를 겪었다.

어떤 속박도 느끼지 못했다. 보배로운 하나님의 은혜가 내게 쏟아졌기 때문이다. 결석한 친구들을 위해서, 사람들의 집회를 위해서, 가난한 영혼들을 위해서, 멀리 여러 곳에 있는 많은 하나님의 자녀들을 위해서 애써 기도하였다. 해가 뜬 지 조금 후부터 어둑어둑해질 때까지 몸부림을 치며 기도하느라 온 몸이 땀으로 흠뻑 젖었지만 아무 일도 하지 않은 것 같았다. 오 내 사랑하는 구주께서는 불쌍한 영혼들을 위해 피를 흘리셨다! 나는 그 불쌍한 영혼들을 더 측은히 여기게 되기를 바랐다. 그러면서도 여전히 나는 하나님의 사랑과 은혜를 의식하는 가운데 달콤함을 느꼈고 내 마음을 하나님께 고정시키고서 흐뭇한 기분으로 잠자리에 들었다.

그의 생활과 목회 사역에 놀라운 능력을 가져다 준 것은 바로 기도였다.

강력한 기도의 사람은 영적 힘이 있는 사람이다. 기도는 결코 소멸되지 않는다. 브레이너드의 일생은 기도의 삶이었다. 브레이너드는 밤낮으로 기도하였다. 홀로 말을 타고 숲을 지나가면서 기도하였다. 짚

단으로 만든 잠자리에서도 기도하였다. 인적이 드문 빽빽한 숲에 혼자 들어가 기도하였다. 시간 시간마다 날마다 기도하였고, 새벽과 한밤중에도 기도하고 금식하며 온 영혼을 쏟아부어 도고하며 하나님과 교제를 나누었다. 기도 중에 브레이너드는 하나님께 열심히 말하였고 하나님께서도 그에게 열렬히 말씀하셨다. 이로 인해 브레이너드는 죽었지만 여전히 말하고 활동하고 있으며 세상 끝날까지 그러할 것이다. 그 영광의 날에 나타날 영광스런 자들 가운데 브레이너드는 단연 첫째가 될 것이다.

조나단 에드워즈는 브레이너드에 대해 이렇게 말한다.

"그의 삶을 보면 목회 사역에서 성공하기 위한 바른 길을 알 수 있다. 브레이너드는 군인이 전투에서 승리를 추구하듯 또는 경주하는 사람이 상을 타기 위해 달리듯 성공을 추구하였다. 그리스도와 영혼에 대한 사랑에 고무된 그가 어떻게 애썼겠는가? 항시 열정적으로 일했다. 말과 교리로뿐만 아니라, 공적으로 사적으로뿐 아니라, 밤낮 기도로 은밀한 가운데 하나님과 씨름하며 이루 말로 다할 수 없는 탄식과 고통 가운데 진통하기를 하나님께서 그를 보내어 전하는 복음을 듣게 하신 사람들의 마음에 그리스도께서 계실 때까지 하였다. 진정 야곱의 후손답게 브레이너드는 온 밤을 지새우고 동이 틀 때까지 씨름하였다."

12

◆

마음의 준비가 필요하다

다양한 힘을 지닌 기도는 설교자가 진리를 자유롭고 온전하게 말할 수 있도록 돕는다. 교인들은 설교자를 위해 기도해야 한다. 설교자는 기도로 만들어지기 때문이다. 또한 설교자의 입을 위해 기도해야 한다. 설교자의 입은 기도로 열리고 기도로 채워져야 하기 때문이다. 기도로, 그것도 많은 기도로 거룩한 입이 만들어진다. 또한 많은 기도로 용감한 입이 생겨난다. 교회, 세상, 하나님, 천국이 세상에 전파된 데는 바울의 입의 공이 크다. 또 바울의 입이 그처럼 큰 능력을 지녔던 것은 기도 덕분이다.

기도가 설교자에게 아주 많은 면에서, 많은 점에서, 그리고 모든 길에서 얼마나 다양하고 무한히 가치 있고 유익한지! 그 중 한 가지 큰 가치는 기도가 기도하는 사람의 마음을 돕는다는 사실이다.

기도는 설교자가 마음으로 설교하도록 만든다. 기도는 설교자의 마음이 설교에 스며들게 하고 설교가 설교자의 마음에 들어가도록 한다.

마음이 설교자를 만든다. 위대한 마음의 소유자가 위대한 설교자이다. 악한 마음을 가진 사람도 어느 정도 선한 일을 할 수는 있지만 극히 드물다. 삯꾼과 나그네도 어떤 점에서 양을 도울 수 있지만 양의 복을 빌고 목자의 의무를 다할 사람은 선한 목자의 마음을 가진 선한 목자뿐이다.

사람들은 설교 준비를 강조하다 보니 정작 준비해야 할 중요한 것, 곧 마음을 잊어버렸다. 준비된 마음이 준비된 설교보다 훨씬 낫다. 준비된 마음에서 준비된 설교가 나온다.

그동안 설교 준비의 기술과 예에 대한 책이 얼마나 많이 쓰였던지 사람들이 이 발판이 곧 건물이라는 생각에 사로잡힐 정도가 되었다. 젊은 설교자들은 설교를 기계적이고 지성적인 산물로 여기고 그 형태와 특성, 아름다움을 배우는 데 온 힘을 쏟았다. 설교자들의 이런 생각은 교인들에게 나쁜 취미를 심어 주었고 은혜보다는 재능을, 경건보다는 능변을, 계시보다는 수사를, 거룩함보다는 명성과 영민함을 바라게 만들었다. 이런 생각 때문에 우리는 진정한 설교의 개념을 잃어버렸고 설교의 능력도, 마음을 찌르는 죄에 대한 가책도, 풍부한 경험과 고상한 그리스도인의 성품도 잃었으며 언제나 참된 설교에서 나오는 양심과 생활을 주장하는 권위도 잃고 말았다.

그렇다고 해서 내가 지금 설교자들이 연구에 지나치게 몰두한다고 말하려는 것이 아니다. 설교자들 가운데는 충분히 연구하지 않거나 전혀 연구하지 않는 사람들도 있다. 또 설교자들 가운데는 하나님의 일꾼으로 인정받을 만큼 바르게 공부하지 않는 사람들도 많다. 그러나 우리에게 크게 부족한 점은 머리의 문화에 있는 게 아니라 마음의 문화에 있다. 슬픈 사실이지만 우리의 뚜렷한 결점은 지식의 부족이 아니라 거룩함의 부족이다. 우리가 너무 많은 것을 알고 있다는 말이 아니라 하나님과 그 말씀에 대해 묵상하지 않고 깨어서 금식하고 기도하는 데 충분한 시간을 들이지 않는다는 말이다. 우리 설교에는 마음이 큰 장애물이다. 거룩한 진리로 충만한 하나님의 말씀이 우리 마음속에 들어와 더 이상 전달되지 못하고 만다. 그 말씀들은 억제되고, 빼앗기고, 무기력하게 되고 만다.

청찬과 지위를 갈망하는 야심에 찬 사람이 명성을 구하지 않고 스스로 종의 형체를 입은 분의 복음을 전할 수 있을까? 교만하고 허영심이 많으며 이기적인 사람이 온유하고 겸손하신 이의 복음을 전할 수 있을까? 성미가 까다롭고 불같으며 이기적이고 완고하며 세속적인 사람이 오래 참음과 자기 부인과 온유함에 대한 교훈이 가득하며 적의를 버리고 세상에 대해 십자가에 못 박혀야 할 것을 단호하게 요구하는 도를 전파할 수 있을까? 돈만 알고 냉정하고 마지못해 일하는 공무원 같은 사람이 양들을 위해 목숨을 내놓을 것을 요구하는 복음을 전할 수 있을까? 돈 받을 궁리만 하는 탐욕스런 사람이 삯을 받을 수 없을 때에도 복음을 전할 수 있을까? 그리스도와 바울의 정신으로 웨슬리처럼 다음과 같이 말할 수 있을까? "나는 돈을 분토(糞土)처럼 여기고 발로 밟는다.

내가 아니라 내 안에 있는 하나님의 은혜로 나는 돈을 길거리의 쓰레기처럼 여긴다. 돈을 바라지도 추구하지도 않는다."

하나님의 계시는 인간의 천재적 자질이나 빛나고 힘 있는 인간의 문화, 탁월한 인간의 사고, 하나님의 계시를 장식하고 실행할 인간 두뇌의 힘으로부터 빛을 받을 필요가 없다. 하나님의 계시는 오직 어린아이의 마음에서 나오는 단순함, 유순함, 겸손함과 믿음을 필요로 할 뿐이다.

바울이 사도들 가운데서도 뛰어날 수 있었던 것은 바로 자신의 지력과 천재적 재능을 신성한 영적 힘에 복종시켰기 때문이다. 웨슬리가 많은 능력을 발휘하고 자신의 수고를 인간 역사에 깊이 아로새길 수 있었던 것도 바로 이 때문이었다. 이냐시오 데 로욜라(Ignatius de Loyola)가 가톨릭의 쇠퇴하는 세력을 저지할 수 있는 힘을 얻은 것도 바로 이 때문이었다.

우리에게 무엇보다 필요한 것은 마음을 준비하는 일이다. 루터는 그 사실을 다음과 같은 격언으로 표현하였다. "기도를 잘한 사람은 연구를 잘한 것이다." 지금 나는 사람들이 생각하는 일을 해서도 안 되고 지성을 사용해서도 안 된다고 이야기하는 것이 아니다. 다만 마음을 잘 개발하는 사람이 지성도 가장 잘 사용하리라는 말이다. 설교자는 연구하는 사람이 되어서는 안 된다고 말하고 있는 것도 아니다. 설교자는 무엇보다도 성경을 많이 연구해야 한다. 하지만 부지런히 마음을 준비하는 사람이 성경을 가장 잘 연구한다.

설교자가 사람을 알아서는 안 된다는 말이 아니다. 다만 자기 마음의 깊이와 복잡함을 헤아려 본 사람이 인간 본성을 더 깊이 통찰하게 되리라는 것이다. 설교의 통로가 머리이긴 하지만 설교의 원천은 마음이다. 그 통로를 넓히고 깊게 팔 수 있지만 샘의 정결과 깊이를 잘 살피지 않는다면 통로가 막히거나 더러워질 것이다.

보통 수준의 지능을 가진 거의 모든 사람들은 복음을 전할 수 있을 만큼의 충분한 감각을 지니고 있다. 그러나 복음을 전할 만한 은혜를 지닌 사람은 그리 많지 않다. 마음과 씨름하며 이겨낸 사람, 스스로의 마음에 겸손과 신앙, 진리, 자비, 동정, 용기를 가르친 사람, 이와 같이 씩씩한 지성을 통해 훈련받고 복음의 능력을 한껏 갖춘 사람이 마음의 풍부한 보물을 청중들의 양심에 쏟아부을 수 있다. 그런 사람이 여호와 보시기에 가장 진실되고 가장 성공적인 설교자가 된다.

13

◆

은혜는 머리에서 나오지 않고 마음에서 나온다

마음이야말로 세상의 구주이다. 머리로써는 세상을 구원하지 못한다. 천재성, 두뇌, 명철함, 힘과 능력으로도 구할 수 없다. 복음은 마음을 통해 흘러 나간다. 힘 중에 가장 강력한 것은 마음의 힘이다. 가장 달콤하고 훌륭한 은총은 마음의 은총이다. 위대한 마음에서 위대한 성품이 생기며 위대한 마음에서 거룩한 성품이 빚어진다. 하나님은 사랑이시다. 사랑보다 위대한 것은 없으며 하나님보다 크신 분은 없다. 마음이 천국을 만든다. 천국은 사랑이다. 천국보다 높고 아름다운 곳은 없다. 하나님의 위대한 설교자가 되게 하는 것은 머리가 아니라 마음이다. 신앙에서는 무엇보다 마음이 중요하다. 강단에서는 마음이 말을 하도록 해야한다. 교인들은 마음으로 들어야 한다. 사실 우리는 마음으로 하나님을 섬긴다. 머리만으로 하는 경배는 천국에서 통하지 않는다.

현대 설교에서 가장 흔하게 일어나고 있는 한 가지 심각한 잘못은 설교에서 기도보다 생각을 강조하고 마음보다 머리를 강조한다는 사실이다. 위대한 마음에서 위대한 설교가 나오며, 위대한 마음이 위대한 설교자를 만든다. 마음을 갈고 경작하는 신학교가 복음에 가장 필요하다. 목사는 마음으로 사람들을 끌어들이고 다스린다. 사람들이 목사의 재능에 감탄하고 목사의 능력을 자랑하며 때로 설교에 감동을 받을 수 있지만 목사의 능력의 요새는 그의 마음이다. 그의 왕홀은 사랑이며 그의 능력의 왕좌는 그의 마음이다.

선한 목자는 양들을 위해 자기 목숨을 내어놓는다. 머리로써는 결코 순교자가 되지 못한다. 생명을 바쳐 사랑과 충성을 할 수 있게 만드는 것은 바로 마음이다. 성실한 목사가 되려면 큰 용기가 필요하다. 그러나 마음만이 그런 용기를 가져다 줄 수 있다. 은사와 재능도 용기를 줄 수 있지만, 머리가 아닌 마음의 은사와 재능일 때 그렇다.

마음을 준비하는 것보다 머리를 채우기가 쉽다. 마음의 설교를 준비하기보다 머리의 설교를 준비하기가 쉽다. 하나님의 아들을 하늘에서 이끌어 내린 것이 바로 마음이었다. 사람을 하늘로 이끌어 올릴 것도 바로 마음이다. 세상의 재난을 동정하고 세상의 고통에 입맞추고 세상의 비참함을 딱하게 여기고 그 고통을 더는 데 필요한 것은 바로 마음의 사람이다. 그리스도는 무엇보다도 마음의 사람이었기 때문에 누구보다도 슬픔의 사람이셨다.

"마음을 다오." 하나님께서 사람에게 요구하시는 말씀이다. "마음을 주시오." 사람이 사람에게 바라는 것이다.

직업적인 목회는 마음이 없는 사역이다. 목회에서 사례비가 차지하는 역할이 클 때 마음은 특별한 역할을 하지 못한다. 설교를 직업으로 삼게 되면 설교에 별로 마음을 쏟지 않게 된다. 설교의 전면에 자기를 내세우는 사람은 마음을 맨 뒷자리에 놓는다. 연구에 마음을 쏟지 않는 사람은 하나님을 위한 추수를 거두지 못할 것이다. 골방은 마음의 서재이다. 우리는 도서관에서 설교하는 법과 설교할 내용에 대해 배우는 것보다 골방에서 더 많은 것을 배울 수 있다.

"예수께서 눈물을 흘리시더라."(요 11:35)라는 말씀만큼 성경에서 짧으면서도 위대한 구절은 없다. 위대한 설교를 전파하시는 게 아니라 나가서 울며 씨를 뿌리신 분이 그리스도이시고 기쁨으로 다시 돌아와 곡식 단을 묶으실 분이 그리스도이시다.

기도는 판단력을 일깨우고 지혜를 주며 마음을 넓게 하고 힘 있게 한다. 골방이야말로 설교자에게는 더없이 훌륭한 교사요 학교이다. 기도할 때 생각이 반짝이고 명료해질 뿐만 아니라 싹트기도 한다. 서재에서 여러 시간 연구하는 것보다 한 시간 기도할 때, 정말 제대로 기도할 때 더 많은 것을 배울 수 있다. 다른 어디에서도 찾을 수 없는 책이 골방에 있기 때문이다. 다른 어떤 곳에서도 들을 수 없는 계시를 골방에서 들을 수가 있기 때문이다.

14

◆

거룩한 열정이 필요하다

웨슬리의 추종자는 아니었지만 그와 매우 친했고 웨슬리의 운동을 영적으로 많이 지지했던, 웨슬리와 동시대에 활동한 기독교 철학자 알렉산더 녹스(Alexander Knox)는 이렇게 쓰고 있다:

이상하고도 유감스러운 사실은 감리교도와 감리교 목사들을 제외하고는 영국에서는 들을 만한 설교를 하는 이가 많지 않다는 것이다. 거의 전반적으로 성직자들은 설교라는 기술을 완전히 잃어버렸다. 나는 도덕 세계가 가진 대법칙에는 올바로 선포된 종교적 진리와 인간 지성의 깊은 감정 사이에서 생겨나는 일종의 화학의 친화성 같은 비밀스러운 이해가 있다고 생각한다. 진리가 온당하게 나타날 때 우리의 지성이 반응할 것이다. '우리 속에서 마음이 뜨겁지 아니하더냐?' (눅 24:32) 이 같은 열렬한 감정이 설교자에게 반드시 필요하다. 그동안 관찰해온 바에 따르면 이 거룩한 열정은 교구 교회에서보다 감리교 비밀집회에서 더 잘 보이는 것 같다고 말하지 않을 수 없다. 감리교 교회들에는 이것이, 오직 이것만이 가득 차 있는 데 비해 일반 교회들에는 희박한 것 같다. 정말로 나는 광신자가 아니다. 나는 아주 진지하고 성실한 교인으로, 헤일과 보일, 버넷과 레이턴파를 따른다. 단언컨대 내가 2년 전 이 나라에 왔을 때 설교자들 가운데 단 한 사람도 감리교도인 내 위대한 스승들처럼 가르치는 것을 보지 못했다. 그리고 이제 다른 어떤 곳에서도 조금이라도 마음에서 우러나오는 가르침을 들을 생각을 단념하였다. 감리교 설교자들, 이런 표현이 언제나 옳다고 인정하지는 못하지만 어쨌든, 이들은 이같이 순수하고 참된 종교를 아주 확신에 넘쳐서 전파한다. 지난 주일에는 참으로 즐거웠다. 그날 설교자가 진리의 말씀을 순수하게 전하는 것을 볼 수 있었다. 능란한 화술은 없었다. 정직한 사람은 결코 그런 것을 꿈꾸지 않는다. 그러나 그보다 훨씬 많은 어떤 것이 있었다. 생명력 있는 진리를 충심으로 전달해 주었다. 그 설교자가 다른 사람들에게 선포한 내용을 들을 때 그 사람 자신이 그렇게 살았다는 사실을 느끼지 않을 수 없었기 때문에 자신 있게 말한다.

이 같은 거룩한 열정이 설교의 기술이다. 이런 열정이 없는 설교자는 설교 기술 역시 없다. 이 열정을 잃은 설교자는 설교 기술을 잃는다. 설교 준비의 기술이든, 웅변술, 명쾌한 사고 기술, 청중을 즐겁게 하는 기술이든, 설교자가 다른 어떤 기술을 갖고 있을지라도 이 열정이 없으면 신성한 설교의 기술을 잃은 것이다. 이 같은 열정이 하나님의 진리를 강력하게 만들고 흥미 있게 하며 사람들을 끌어들이고 매료시키며 교화하고 죄를 깨닫게 하며 구원한다.

이 같은 열정이 하나님의 계시된 진리에 활력을 불어넣어 그 진리를 살아 있게 하고 생명을 주게 만든다. 하나님의 진리라도 이런 열정이 없이 전파될 때에는 가볍고 생명이 없으며 영혼을 죽인다. 진리가 풍부히 담겨 있고 사고가 깊고 웅변술이 탁월하고 논리가 예리하며 매우 진지할지라도 거룩한 이 열정이 없으면 그 설교는 생명이 아니라 죽음을 가져올 것이다. 그래서 스펄전은 이렇게 말한 바 있다:

나는 우리가 얼마나 오랫동안 머리를 싸매고 골치를 앓아야 열정적인 설교가 어떤 것인지를 명쾌하게 말할 수 있을지 모르겠다. 그러나 설교하는 사람은 자기에게 이 열정이 있는지 알며, 그 열정이 없을 경우에는 듣는 사람들이 이내 눈치챈다. 기근이 든 사마리아가 열정이 없는 설교의 표본이다. 좋은 음식과 살찐 고기로 잔치를 베풀고 있는 예루살렘은 열정으로 풍부해진 설교를 나타낼 수 있다. 아침 이슬이 풀 이파리마다 맺혀 있는 아침의 신선함은 누구나 알고 있다. 그러나 누가 그것을 묘사할 수 있겠으며 하물며 저절로 그 신선함을 일으킬 수 있겠는가? 그런 것이 영적 기름 부음의 신비이다. 우리는 그것이 무엇인지 알고 있지만 다른 사람들에게 말할 수는 없다. 쉽게 흉내를 낼 수도 있지만 이는 어리석은 일이다. 거룩한 열정은 임의로 만들어 낼 수 있는 게 아니다. 가짜로 만들어 낸 것은 가치 없는 게 아니라 그 이상으로 나쁜 것이다. 하지만 거룩한 열정은 그 자체로 무한히 가치가 있고, 신자들을 깨우치고 죄인들을 그리스도께 데려오고자 한다면 무엇보다도 이 열정이 필요하다.

15

◆

거룩한 열정, 진정한 복음 설교의 표지

거룩한 열정(기름 바름, unction)은 정의하기도 묘사하기도 어려운 것인데, 옛날의 유명한 한 스코틀랜드 설교자는 이 열정을 다음과 같이 설명했다. "설교에는 때때로 주제나 표현 때문에 생기는 것도 아니고 무엇인지, 어디서부터 나오는지 설명할 수는 없지만 부드러운 힘을 가지고 사람의 마음과 애정을 꿰뚫으며 주님으로부터 직접 나오는 것이 있는데, 그런 것을 얻을 길이 있다면 설교자의 천상적인(heavenly) 자질을 통하는 방법뿐일 것이다."

사람들은 그것을 거룩한 열정이라 부른다. 하나님의 말씀이 "살아 있고 활력이 있어 좌우에 날선 어떤 검보다도 예리하여 혼과 영과 및 관절과 골수를 찔러 쪼개기까지 하며 또 마음과 생각을 판단하도록"(히

4:12) 만드는 것이 바로 이 열정이다. 설교자의 말에 그런 힘과 예리함, 능력을 부여하는 것이 바로 이 열정이며 죽어 있는 회중에게 그런 충격과 자극을 일으키는 것이 바로 이 열정이다.

동일한 진리들을 사람들이 엄격하게 그리고 기름처럼 더할 수 없이 매끄럽게 말해왔으나 거기에는 생명의 아무런 표지도 맥박도 없었고 무덤처럼, 죽은 자처럼 모든 것이 고요할 뿐이었다. 그러나 바로 그런 설교자라도 거룩한 열정의 세례를 받고 하나님의 영감이 그에게 임하면 하나님 말씀의 문자가 이 신비한 능력으로 옷 입고 불붙는다. 그러면 생명의 약동이 시작된다. 사람들은 이 생명을 받아들이든지 거부하든지 한다. 이 열정은 침투하여 양심을 정죄하고 마음을 깨트린다.

이 거룩한 열정이야말로 진정한 복음 설교와, 진리를 전하는 기타 모든 방법을 가르고 구분짓는 특징이며, 이것이 있는 설교자와 없는 설교자 사이에 깊은 영적 틈을 만들어 낸다. 거룩한 열정은 계시된 진리를 지지하며 그 진리에 하나님의 모든 에너지가 스며들게 한다. 이 열정은 하나님이 설교자의 말과 설교 속에 살아 계시게 한다. 힘있고 강력하게 기도하며 끊임없이 기도할 때 설교자에게 이 같은 열정이 생긴다. 이 열정은 설교자에게 영감을 주고 지성을 맑게 하며 통찰력과 이해력을 주며 능력을 준다. 또 그 열정으로 말미암아 마음에서 부드러움과 정결함과 힘이 흘러나오게 된다. 마음이 넓어지고 자유로워지며 생각이 충만해지고 말이 바르고 단순해지는 것이 이 열정의 열매들이다.

사람들은 흔히 간절한 마음을 이 열정으로 잘못 생각한다. 이 거룩한 열정을 지닌 사람은 영적인 일에 진지할 것이다. 그러나 열정이 조금이라도 없으면 굉장한 열심만 있을 것이다.

열심과 열정은 어떤 점에서는 비슷하게 보인다. 사람들은 열심을 열정이라고 별 생각 없이 쉽게 바꾸거나 오해할 수 있다. 열심과 열정을 분별하려면 영적인 눈과 영적인 분별력이 필요하다.

열심 있는 사람은 성실하고 진지하며 열렬하며 끈기가 있을 수 있다. 선의를 가지고 일에 덤벼들고 끈기를 가지고 일을 추구하며 열렬하게 그 일을 주장하며 힘을 쏟는다. 그러나 이 모든 요소가 인간의 차원을 넘어서지는 못한다. 그 요소들 속에는 사람이 들어 있다. 즉 의지와 마음과 두뇌와 재능, 계획하고 일하고 말하는 그 모든 것을 지닌 온전한 인간이 들어 있는 것이다. 이런 사람은 마음을 사로잡고 있는 목적에 몰두한다. 그리고 그 목적을 이루려고 추구한다. 거기에는 하나님이 전혀 없을 수 있다. 혹은 인간이 너무 많이 자리를 차지하고 있어서 하나님이 있을 자리가 거의 없을 수도 있다. 이 사람은 간절한 심정으로 추진하는 목적을 옹호하여 하늘에 호소하되, 세상적인 방법을 따라 좋아하고 접촉하며 움직이고 순전히 사람의 힘으로만, 즉 세상의 손으로 만든 제단과 세상의 불꽃으로 지핀 불을 가지고 그럴 수 있다. 자신의 공상이나 목적에 맞게 성경을 해석하고 '자신의 해석에 대해 열렬히 웅변을 토하는' 유명한 설교자에 대해서도 이렇게 말할 수 있을 것이다. 사람들은 자기 계획이나 운동에 점점 더 엄청난 열심을 보인다. 이 열심은 이기심이 자극되어 나타난 것일 수도 있다.

열정이란 어떤 것인가? 설교에서 열정은 쉽게 정의할 수 없지만 설교를 설교답게 만드는 것이다. 설교와 일반 연설을 구별짓고 가르게 만드는 것이다. 열정은 설교에서 신성한 것이다. 거룩한 열정은 날카로움이 필요한 사람들이 듣는 설교를 날카롭게 하고, 원기를 회복할 필요가 있는 사람들에게는 이슬처럼 젖어든다. 열정은 잘 묘사하자면 이렇다.

> 하늘의 담금질 받아 날카롭기 그지없는
> 양날 가진 검이니
> 한 번 번쩍일 때마다
> 그 상처는 두 배였네
> 죄에는 죽음을 내렸고
> 죄를 슬퍼하는 자에게는 생명을 주었네
> 다툼을 일으키고 또 다툼을 잠재웠으니
> 마음속에 전쟁을 일으키고 또 평화를 주었네

이 거룩한 열정은 서재에서 나오지 않고 골방에서 생긴다. 그것은 기도의 응답으로서 하늘에서 증류되어 내려온다. 열정은 성령의 지극히 달콤한 증기이다. 열정은 스며들고 흠뻑 적시며 부드럽게 하고 침투하며 자르고 달랜다. 열정은 하나님의 말씀을 때로는 다이너마이트처럼, 때로는 소금처럼, 때로는 설탕처럼 전하게 만든다. 열정은 하나님의 말씀을 위로자로, 고발자로, 계시자로, 검사관으로 만든다. 그런가 하면 듣는 사람을 범죄자로 혹은 성도로 만들며 어린아이처럼 울게 만들기도 하고 거인처럼 당당하게 살도록 만든다. 또 듣는 사람의 마음을 열며 봄에 새순 돋듯이 부드럽지만 단호하게 사람의 돈주머니를 열게 만든다. 이 거룩한 열정은 천부적인 재능이 아니다. 이 열정은 배움의 전당에서 터득할 수 있는 게 아니다. 어떤 웅변과 수사로도 이 열정을 얻을 수 없다. 어떤 산업으로도 차지할 수 없으며 아무리 높은 성직자도 수여할 수 없다. 이 열정은 하나님의 선물이다. 하나님께서 친히 보내신 사자에게 찍어 준 도장이다. 열정은 오랜 시간을 눈물로 씨름하며 이 기름 부음 받는 영예를 진실되고 용감하게 구하는 사람들에게 내리는 하늘의 기사 작위이다.

열심은 유익하고 인상적이다. 천부적 자질은 타고나며 위대한 것이다. 생각은 불타오르고 영감을 준다. 그러나 열정은 열심이나 천부적 자질 혹은 생각보다 더 거룩한 자질과 더 강력한 에너지를 받는다. 열정은 죄의 사슬을 끊고 하나님에게서 멀어져 타락한 마음을 하나님께로 돌리며 교회의 갈라진 틈을 메우고 교회가 옛날대로 순결과 능력을 다시 갖추도록 만든다. 이 거룩한 열정 말고는 이렇게 할 수 있는 것은 없다.

16

◆

많이 기도하는 것이 거룩한 열정을 얻는 조건이다

기독교에서 거룩한 열정이란 하나님의 일을 위해 따로 세워 그 일을 할 수 있는 자격을 구비시키기 위해 성령께서 기름 부으시는 것을 말한다. 이 거룩한 열정은 하나님으로부터 오는 능력으로서 설교자는 이 능력을 통해 영혼을 구원하는 독특한 설교의 목적을 성취할 수가 있다. 이 열정이 없으면 참된 영적 결과를 전혀 이룰 수 없다. 또한 열정이 없는 설교의 결과와 힘은 일반 연설보다 하등 나을 게 없다. 열정 없이도 설교는 연설만큼 설득력이 있을 수 있기 때문이다.

이 같은 거룩한 열정은 설교자가 하나님 말씀을 전할 때 복음에서 흘러나오는 영적인 결과들을 일으킨다. 거룩한 열정이 없으면 결과도 보장할 수 없다. 멋진 인상을 줄 수 있지만 그것은 설교의 목적에는 훨씬 못 미친다. 이 같은 열정을 흉내 낼 수도 있다. 서로 비슷하게 보이는 것들이 많고 그 효과가 엇비슷한 것도 많다. 그러나 이런 것들의 성격과 결과는 열정과 전혀 맞지 않다. 감상적인 혹은 감정에 호소하는 설교로 일어나는 열정이나 부드러움이 거룩한 열정의 움직임과 비슷해 보일 수 있지만 그런 것에는 폐부를 찌르는 힘은 없다. 이같이 피상적이고 감상적인 움직임에는 마음을 치료하는 향유가 없다. 그런 움직임은 철저하지도 않고 죄를 밝히거나 죄를 치유하지도 못한다.

이 거룩한 열정은 참된 복음 전파와 진리를 전달하는 다른 방법을 구별짓는 크나큰 특징이다. 거룩한 열정은 하나님의 모든 힘으로써 계시된 진리를 지지하고 해석하도록 돕는다. 거룩한 열정은 하나님을 밝게 비추고 지성을 넓고 풍부하게 하며 능력을 주어 그 말씀을 깨닫게 한다. 거룩한 열정은 설교자의 마음을 준비시키고 그처럼 고귀한 결과를 얻는 데 필요한 부드럽고 순결하고 힘 있고 밝은 마음 상태를 가져다준다. 또 설교자의 사상과 영혼을 자유롭게 하고 확장시킨다. 즉 다른 어떤 것으로도 얻을 수 없는 말의 자유로움과 충만함, 올바름을 가져다준다.

설교자에게 이런 열정이 없다면 복음은 다른 어떤 종교 이설(異說)보다 잘 전파되지 못한다. 이 사실은 이 열정이 거룩하다는 것을 보여주는 증거이다. 설교자의 열정은 복음 속에 하나님이 계시게 한다. 열정이 없으면 하나님이 없게 되고, 그렇게 되면 복음은 사람들이 자신의 교리를 실행하고 전파하기 위해 독창력과 관심과 재능으로써 고안해 낼 수 있는 저급하고 만족스럽지 못한 설득에 맡겨지고 만다.

설교자는 다른 어떤 점에서보다 바로 이 점에서 더 많이 실패한다.

그들은 무엇보다 중요한 바로 이 점에서 실수하고 만다. 설교자에게 학식이 있을 수 있고 재기와 능변이 있을 수 있으며 사람을 즐겁게 하고 매력이 있을 수 있다. 선풍적이면서도 별로 불쾌하지 않은 방법으로 군중의 인기를 얻을 수 있고 탁월한 지력으로 깊은 인상을 주며 모든 자원을 동원해 진리를 강력히 주장할 수도 있다. 그러나 이 거룩한 열정이 없으면 모든 것이 다 지중해의 성마른 강풍에 불과할 것이다. 물보라와 거품이 일고 파도가 하얗게 일어날 수 있지만 바위는 꿈쩍도 않고 아무런 인상을 받지 않은 채 무덤덤하게 그대로 있을 것이다. 대양의 끊임없이 흐르는 조류로도 바위를 쓸어 낼 수 없듯이 인간의 힘으로 죄를 쓸어 없앨 수는 없으며 인간의 마음에서 그 완고함을 전혀 쓸어 내지 못한다.

이 열정은 헌신하게 하는 힘이다. 따라서 이 열정이 있느냐 없느냐 하는 것은 그러한 헌신이 있는지를 계속해서 시험하는 것이다. 설교자가 하나님과 자기 소명에 확실히 헌신하게 만드는 것은 바로 이 같은 거룩한 기름 부음이다. 다른 힘과 동기로 설교자가 목회에 임할 수 있지만 이 열정만이 진정으로 헌신하게 한다. 성령의 능력으로 하나님의 일에 임하도록 만드는 것은 하나님께서 합법이라 인정하시는 이 헌신뿐이다.

이 열정, 곧 하늘의 기름 부음인 거룩한 열정은 강단에 필요한 것이며 설교자가 반드시 갖추어야 하는 것이다. 하나님께서 친히 손으로 강단에 칠하시는 이 거룩한 하늘의 기름은 틀림없이 전인격을, 곧 사람의 마음과 머리와 영을 부드럽게 하고 그로 하여금 세상적이고 세속적이며 이기적인 동기와 목표를 버리고 순수하고 하나님을 닮은 것에만 자신을 바치도록 만들 것이다.

　설교자에게 이 같은 열정이 있을 때 그는 많은 회중들에게 혼란과 충돌을 일으킨다. 그동안 똑같은 진리를 엄격한 말로 전하였을 때는 아무런 파동도 일어나지 않았고 아무도 어떠한 고통이나 진동도 느끼지 못했다. 모든 것이 무덤처럼 조용했다. 그런데 다른 설교자가 온 것이다. 그에게는 이 신비한 영향력이 머물러 있었다. 그에게서는 하나님의 말씀이 성령으로 불타올랐고 사람들은 양심에 스며들어 양심을 흔들어 깨우며 마음을 깨트리는 열정의 강력한 진동을 느꼈다. 이런 열정이 없는 설교는 모든 것을 어렵고 무미건조하며 신랄하고 죽은 것으로 만든다.

　이 열정은 한낱 기억에 지나지 않거나 과거의 일이 아니다. 열정은 현재 실현되고 있는 사실이다. 열정은 설교에 나타날 뿐만 아니라 설교자 자신이 경험하는 것이다. 이 열정은 설교자가 그리스도의 능력으로써 진리를 선포하도록 할 뿐 아니라 거룩한 주님의 형상을 닮게 하기도 한다. 이 열정은 목회의 강력한 힘이 된다. 열정이 없으면 모든 다른 것들은 허약하고 헛된 것들이 된다. 열정은 다른 모든 부재하는 것들과 미약한 능력을 벌충한다.

　이 열정은 남에게 빼앗길 수 없는 선물이 아니다. 열정은 조건부 선물이며 처음에 얻을 때와 똑같은 과정에 의해 지속되며 더욱 증가된다. 하나님께 끊임없이 기도드리며, 그를 간절한 열망으로 찾고, 열정을 귀하게 여기면서 그것을 지칠 줄 모르는 열심으로 추구하며, 그 밖의 모든 것을 실패로 간주할 때, 열정은 지속되고 증가된다.

그러면 이 열정은 어디에서 어떻게 오는가? 기도의 응답으로 하나님으로부터 직접 온다. 이 거룩한 기름으로 가득 찰 수 있는 마음은 오직 기도하는 마음뿐이다. 이 거룩한 열정으로 기름 부음 받을 수 있는 입술은 오직 기도하는 입술뿐이다.

　거룩한 열정으로 설교할 수 있는 대가는 기도하는 것, 그것도 많이 기도하는 것이다. 이 열정을 유지하는 유일한 조건은 기도하는 것, 많이 기도하는 것뿐이다. 끊임없이 기도하지 않고서는 설교자에게 이 열정은 오지 않는다. 인내로 기도하지 않으면 이 열정은 잘 간수하지 못한 만나처럼 벌레가 들끓게 된다.

17

◆

기도는 영적 지도력의 표지이다

사도들은 자신의 목회에서 기도의 필요성과 가치를 알았다. 이들은 사도라는 높은 직무를 맡았다고 해서 기도할 필요가 없게 되는 것이 아니라 더욱 절박하게 그 필요를 느껴서 기도에 전념해야 한다는 사실을 알았다. 그래서 사도들은 다른 중요한 일에 시간을 다 뺏겨 마땅히 해야 하는 대로 기도를 못하게 될까 매우 주의했다. 가난한 자를 섬기는 것과 같은 섬세하고 마음을 다 써야 하는 일은 평신도에 맡김으로 "오로지 기도하는 일과 말씀 사역에 힘쓸"(행 6:4) 수 있도록 했다. 기도를 먼저 언급했고, 기도에 대한 자신들의 입장을 매우 강조했다. "오로지 기도에 힘쓰리라." 다시 말해서 기도를 업으로 삼고 기도에 몰두하며 기도에 열심과 절박함과 인내와 시간을 바친다는 것이다.

사도들이 이 신성한 기도의 사역에 얼마나 거룩하게 전념하였는가! 사도 바울은 "밤낮으로 기도하였다."고 말한다. "우리가 오로지 기도하는 일에 힘쓰리라."는 사도들의 일치된 신앙 견해이다. 신약의 설교자들이 하나님 백성을 위한 기도에 얼마나 전념하였는지! 이들이 하나님께서 교회에 계시도록 하기 위해 얼마나 열심히 기도했는지! 거룩한 사도들은 말씀을 충실히 전함으로써 고귀하고 엄숙한 자신들의 의무를 다 이행했다고 생각지 않고 간절하고 끈기 있는 기도를 통해 설교하였다. 사도들에게 있어 기도는 설교처럼 고생스럽고 힘들지만 반드시 해야 하는 것이었다. 사도들은 신자들이 높은 수준의 신앙과 거룩함에 이르도록 밤낮으로 기도하였다. 또 신자들이 이 높은 영적 태도를 유지하도록 더욱 간절히 기도하였다.

그리스도의 학교에서 교인들을 위한 중보 기도라는 고귀하고 신성한 기술을 배운 적이 없는 사람은 설교학으로 철저히 무장하고 설교 준비와 전파에 타고난 재능을 가졌다고 할지라도 결코 이 설교의 기술을 배우지 못할 것이다.

사도나 지도적인 위치에 있는 성도의 기도는 사도가 아닌 사람들을 성도로 만드는 일에 큰 역할을 한다. 사도 시대 이후의 교회 지도자들이 사도들만큼 교인들을 위한 기도에 세심하고 열심이었다면 세속화와 배교라는 슬프고 어두운 시대가 교회의 역사를 훼손하지 않았을 것이고 교회의 영광을 가리거나 전진을 가로막지 않았을 것이다.

사도를 본받은 기도는 사도와 같은 성도를 일으키고 교회에 순결하고 능력 있는 사도 시대와 같은 때가 지속되게 한다. 영혼의 고귀함, 순수하고도 고상한 동기, 이타심, 자기 희생, 철저한 수고, 열심, 거룩한 기지(tact) 등은 사람들을 위한 도고자가 되는 데 필수적인 요소들이다!

설교자는 자기 교인을 위한 기도에 전념해야 하는데, 그저 그들이 구원받도록 할 뿐만이 아니라 온전히 구원받도록 하기 위해서 기도해야 한다. 사도들은 성도들이 온전해지도록 기도에 전념했는데, 성도들이 하나님의 일을 조금 맛보도록 하기 위해서가 아니라 성도들이 "하나님의 충만하심으로 충만해질 수 있도록" 하기 위해 그렇게 하였다. 바울은 이 목적을 이루는 데에 자신의 사도적 설교를 의지하지 않았다. 이러므로 그는 "하늘과 땅에 있는 각 족속에게 이름을 주신 아버지 앞에 무릎을 꿇었다"(엡 3:14-15).

바울의 개종자들이 성도의 길을 따라 멀리 나아가게 만든 것은 바울의 설교라기보다는 바울의 기도였다. 에바브라는 골로새 교인들을 위해 설교보다는 기도로 더 많은 수고를 했다. 항상 그들을 위해 열심히 기도하여 그들이 "하나님의 모든 뜻 가운데서 완전하고 확신 있게 서도록"(골 4:12) 하였다.

설교자들은 무엇보다도 하나님께서 세우신 지도자들이다. 이들은 첫째로 교회의 상태에 대해 책임을 지고 있으며, 교회의 성격을 형성하고 교회 생활의 분위기와 방향을 제시하는 일을 한다.

많은 것들이 이 설교자들에 의하여 좌우된다. 그들은 시대와 관습을 형성한다. 교회는 신성한 곳이고 그 안에는 천국의 보화가 들어 있지만, 거기에는 인간의 흔적이 남아 있다. 보물이 질그릇 안에 있으면 보물에 질그릇 냄새가 밴다. 하나님의 교회는 지도자들을 일으키거나 지도자들에 의해 세워진다. 교회가 지도자를 세우든 지도자가 교회를 세우든 간에 교회가 어떠하냐 하는 것은 지도자에게 달려 있다. 지도자들이 영적이면 교회도 영적일 것이고, 지도자들이 세속적이면 교회도 그러할 것이고, 지도자가 복합적이면 교회도 그럴 것이다.

이스라엘의 경건은 이스라엘의 왕에 따라 결정되었다. 교회가 교회 지도자의 신앙에 반대하여 일어서거나 그 수준을 뛰어넘는 일이란 좀처럼 없는 법이다. 강한 영적 지도자가 선두에 서서 거룩한 힘으로 사람들을 이끌고 있다면 하나님께서 그 교회에 은혜를 베풀고 계신다는 표지이다.

연약하거나 세속적인 지도자가 지나가면 허약과 재난이 뒤따른다. 하나님께서 어린아이들을 왕으로 세우고 아기들로 통치하게 하시자 이스라엘은 나라 꼴이 형편없게 되어 버렸다. 아이들이 하나님의 이스라엘을 핍박하고 여인들이 통치할 때 선지자들은 결코 좋은 예언을 하지 않는다. 영적 지도자들이 나타나 활동하는 시대는 교회가 영적으로 크게 번성하는 때이다.

강한 영적 지도력을 뚜렷하게 보여주는 것이 기도의 특징 중 하나다. 강력한 기도를 드리는 사람들은 힘 있는 사람이며 세상사를 이끌어가는 사람이다. 이 사람들이 하나님과 함께함으로써 갖는 힘에는 정복하는 능력이 있다.

골방에서 하나님으로부터 새로운 메시지를 받지 못하는 사람이 어떻게 설교할 수 있겠는가? 설교자가 믿음을 불러일으키고 눈을 깨끗이 씻어 밝게 보며 하나님과 밀담을 나누어 마음을 따뜻하게 데우지 않고서 어떻게 설교할 수 있겠는가? 이 같은 골방의 불꽃에 접촉해 보지 못한 강단의 설교는 가엾기 짝이 없다. 그런 입술은 언제나 메마르고 열정이 없을 것이며, 그런 입술로부터는 하나님의 진리가 강력하게 흘러나오지 못할 것이다. 종교에서 실질적으로 중요한 것은 이것이다. 골방의 기도가 없는 설교는 언제나 아무런 열매를 맺지 못한다는 것이다.

기도 없이도 대중 앞에서 재미있고 학구적인 설교를 할 수 있다. 그러나 이 같은 설교와 거룩한 손으로 울며 기도하는 심정으로 하나님의 귀한 씨를 뿌리는 것은 천양지차다.

기도하지 않는 목회자는 하나님의 모든 진리와 하나님의 교회를 죽이는 장의사이다. 그가 아무리 화려한 관과 아름다운 꽃으로 장식할 수 있다 할지라도, 매력적인 장식에 상관없이 그것은 여전히 장례식일 뿐이다. 기도하지 않는 그리스도인은 하나님의 진리를 결코 배우지 못할 것이다. 기도 없는 사역은 결코 하나님의 진리를 가르칠 수 없을 것이다. 영광스러운 천년왕국의 시대는 기도하지 않는 교회 때문에 사라지고 말았다. 우리 주님의 오심은 기도하지 않는 교회 때문에 무한히 연기되었다. 지옥은 기도하지 않는 교회의 죽어 버린 봉사를 보고서 그 무시무시한 동굴을 죄인들로 가득 채웠다.

가장 크고 가장 중요한 헌물은 기도의 헌물이다. 20세기 설교자들이 기도의 교훈을 잘 배우고 기도의 능력을 온전히 사용한다면 금세기가 끝나기 전에 천년왕국이 임할 것이다. "쉬지 말고 기도하라."는 말씀은 20세기 설교자들에게 들려주는 비상 나팔인 것이다. 20세기 설교자들이 골방에서 본문을 정하고 생각을 다듬고 말을 정리하며 설교를 준비한다면 다음 세기에는 새 하늘과 새 땅을 보게 될 것이다. 옛 죄로 얼룩지고 이 시대의 죄로 어두워진 하늘과 땅이 기도의 능력으로 사라지게 될 것이다.

18

◆

설교자에게는 기도하는 교인들이 필요하다

어찌된 셈인지 신자들 사이에서 특별히 설교자들을 위한 기도 생활이 그치거나 소홀히 여겨지게 되었다. 때로 우리는 그런 기도가 목회에 있어서 불명예스러운 일이라는 말을 듣는다. 그것은 목회의 능력 부족을 공공연하게 시인하는 일이며, 학식과 자기 능력에 대한 자부심을 깎아 내리는 행위이고, 그런 일이 일어날 정도로 목회상의 직무를 태만히 하는 경우는 비난과 책망을 받아 마땅하다는 것이다.

설교자에게 기도는 단순히 직업상 의무나 특전만이 아니라 반드시 필요한 것이다. 공기가 폐에 반드시 필요하듯 기도 또한 설교자에게 반드시 필요하다. 설교자에게는 기도 생활이 절대적으로 필요하다. 그런가 하면 설교자를 위해서 기도하는 것 또한 절대적으로 필요한 일이다.

설교자는 기도해야 한다. 또한 사람들은 설교자를 위해서 기도해야 한다. 이 두 명제는 하나로 연결되어 있기 때문에 결코 나누어 생각해서는 안 된다. 설교자가 두려운 책임을 감당하고 크나큰 과업에서 진정 위대한 성공을 거두려면 설교자가 할 수 있는 한 모든 기도를 바쳐야 하고, 할 수 있는 한 모든 교인들의 도고를 받아야 한다. 참된 설교자는 스스로 아주 열렬하게 영혼을 수양하고 기도하는 것 다음으로 하나님의 백성들이 자기를 위해 기도해 주기를 몹시 바란다.

거룩한 사람일수록 기도를 더욱 높이 평가한다. 또한 그런 사람일수록 하나님께서 기도하는 사람들을 돌보신다는 것과 하나님께서 계시를 보여주시는 정도가 사람이 간절하고 끈질기게 하나님께 기도하는 정도에 달려 있음을 더욱더 분명히 보게 된다. 기도하지 않는 마음은 결코 구원에 이르지 못한다. 성령께서는 기도하지 않는 사람의 영에는 거주하시지 않는다. 기도하지 않는 사람은 설교로 깨우칠 수 없다. 그리스도께서는 기도하지 않는 그리스도인은 전혀 아는 체 하시지 않는다. 기도하지 않는 설교자는 복음을 전할 수 없다. 은사, 재능, 교육, 웅변, 하나님의 소명, 그 어떤 것을 내세울지라도 기도의 필요성을 감소시킬 수 없고, 오히려 이런 것들은 설교자가 기도할 필요성과 교인들로부터 도고를 받아야 할 필요성을 강조할 뿐이다. 자기가 맡은 과업의 성격과 책임, 어려움을 알면 알수록 참된 설교자는 기도의 필요성을 더욱더 느끼며, 그 자신이 더욱 기도해야 할 뿐만 아니라 다른 사람들로부터 기도의 도움을 받아야 할 필요가 있음도 더욱더 느낄 것이다.

바울이 그 사실에 대한 좋은 실례를 보여준다. 개인적인 힘으로, 즉 지력이나 교양, 개인의 장점, 하나님으로부터 받은 사도적 사명, 하나님의 각별한 부르심을 앞세워 복음을 전할 수 있는 사람이 있다면 그 사람은 바로 바울이다. 설교자는 기도에 전념해야 하는데, 바울이야말로 그 점에 탁월한 모범을 보인 사람이다. 진정한 사도이며 설교자는 그 사역이 온전히 성공하기 위해 다른 선한 사람들의 도고를 받아야 하는데, 바울에게서 그 현저한 예를 볼 수 있다. 바울은 모든 하나님의 성도들에게 도움을 구하고 바라며 간절히 호소한다. 다른 곳에서와 마찬가지로 영적인 영역에서도 하나로 결합할 때 힘이 생긴다는 사실을 바울은 알았다. 믿음과 소원과 기도를 집중해 하나로 모으면 영적 힘이 커져서 저항할 수 없는 압도적인 능력이 된다는 사실을 알고 있었다. 물방울처럼 한 사람 한 사람의 기도를 모으면 저항할 수 없는 대양을 이룬다. 그래서 바울은 영적 원동력이 어떤 것인지를 아주 명확하게 잘 알고서 흩어져 있는 하나님 백성들의 기도를 모아 자기 사역에 집중시킴으로써 대양처럼 감동적이고 영원하며 저항할 수 없는 사역을 펼치고자 하였다.

바울이 다른 어떤 사도보다도 교회와 세상에 큰 수고와 결과와 인상을 남길 수 있었던 이유는 다른 누구보다도 기도를 자신과 자신의 사역에 집중시킬 수 있었던 점에 있지 않았을까? 로마에 있는 신자들에게 바울은 이렇게 편지를 써 보냈다. "형제들아 내가 우리 주 예수 그리스도와 성령의 사랑으로 말미암아 너희를 권하노니 너희 기도에 나와 힘을 같이하여 나를 위하여 하나님께 빌라"(롬 15:30). 에베소 교인들에게는 이렇게 말한다. "모든 기도와 간구를 하되 항상 성령 안에서 기도하고 이를 위하여 깨어 구하기를 항상 힘쓰며 여러 성도를 위하여 구하라 또 나를 위하여 구할 것은 내게 말씀을 주사 나로 입을 열어 복음의 비밀을 담대히 알리게 하옵소서 할 것이라"(엡 6:18-19).

골로새 교인들에게는 이 점을 강조한다. "또한 우리를 위하여 기도하되 하나님이 전도할 문을 우리에게 열어 주사 그리스도의 비밀을 말하게 하시기를 구하라 내가 이 일 때문에 매임을 당하였노라 그리하면 내가 마땅히 할 말로써 이 비밀을 나타내리라"(골 4:3-4). 데살로니가 교인들에게는 이렇듯 단호하게 말한다. "형제들아 우리를 위하여 기도하라"(살전 5:25). 고린도 교회에게는 자기를 도우라고 요청한다. "너희도 우리를 위하여 간구함으로 도우라"(고후 1:11). 이것은 고린도 교인들이 마땅히 해야 할 일 중 한 가지였다. 그들은 기도로 돕는 일에 힘써야 했다.

바울은 데살로니가 교회에 마지막으로 덧붙여 당부하면서 기도의 중요성과 필요성에 대해 이 같이 말한다. "끝으로 형제들아 너희는 우리를 위하여 기도하기를 주의 말씀이 너희 가운데서와 같이 퍼져 나가 영광스럽게 되고 또한 우리를 부당하고 악한 사람들에게서 건지시옵소서 하라"(살후 3:1-2). 빌립보 교인들에게는 바울 자신이 당하는 모든 시련과 반대가 자기를 위한 그들의 기도 덕분에 오히려 복음을 널리 전하는데 도움이 될 수 있다는 감동적인 말을 한다. 빌레몬은 바울을 위하여 거처를 마련해야 했는데, 그것은 빌레몬의 기도로 바울이 그에게 손님으로 가게 되었기 때문이다.

이 문제에 대한 바울의 태도에서 그의 겸손을 볼 수 있고 또한 복음을 전하는 영적 힘에 대한 그의 깊은 통찰을 볼 수 있다. 그뿐 아니라,

바울이 성도들의 기도에 전적으로 의지하여 자신의 사역을 성공으로 이끌었다면 오늘날 우리의 사역에서 성도들의 기도가 중심을 차지해야 할 필요성은 두말할 나위가 있겠는가!

바울은 자신이 이렇게 간절히 기도해 주기를 부탁한다고 해서 자신의 품위가 떨어지고 영향력이 줄어들거나 자신의 경건이 손상된다고 생각하지 않았다. 설사 그렇게 된다 한들 무슨 상관이 있겠는가? 품위를 잃고 영향력이 사라지며 명성이 손상되어도 좋다. 바울은 그들로부터 기도의 도움을 받을 수 있다면 그렇게 되어도 상관없다고 생각했다. 비록 바울이 사도로 부름을 받고 사명을 받았으며 사도들 가운데서 가장 많은 일을 했을지라도 그리스도인들의 기도가 없었다면 사도로서 과업을 수행할 준비가 불완전했을 것이다.

바울은 도처에 편지를 보내어 자기를 위해 기도해 달라고 부탁하였다. 당신은 당신 교회의 목사를 위해서 기도하는가? 은밀히 그를 위해서 기도하는가? 공적 기도 때에 드린 기도를 개인적으로 계속해서 드리지 않는다면 별 가치가 없다. 기도하는 사람들은 아론과 훌이 모세를 위해 기도하였듯이 설교자를 위해서 기도해야 한다. 그들은 손을 들고 주변을 아주 시끄럽게 만들고 있는 문제를 해결한다.

사도들이 바라는 바는 교회가 기도에 전념하는 것이었다. 사도들은 즐거이 주는 은혜를 무시하지 않았다. 영적 생활에서 종교 활동과 사역이 차지하는 위치를 모르지 않았다. 그러나 사도 직무의 중요성과 긴박성을 생각할 때 종교 활동이나 사역 중 어느 것도 필요성과 중요성 면에서 기도에는 미치지 못했다. 사도들은 기도의 중요성과 필요성을 강조할 때 지극히 신성하고 긴급하게 요청하였고 열렬히 권고하며 사람들을 각성시켰다.

"도처에 있는 성도들로 기도하게 하라."는 것이 사도들이 애쓰는 취지이며 사도적 사명 수행의 성공을 가리는 기본 방침이다. 예수 그리스도께서는 공생애 사역을 수행하실 때 그렇게 하려고 애쓰셨다. 예수께서는 곡식이 무르익은 들판이 일꾼이 부족해서 썩어 가는 것을 보고 몹시 안타까우셔서 기도를 잠시 멈추고 기도의 의무를 민감하게 깨닫지 못하고 있는 제자들을 일깨우시며 이렇게 명령하셨다. "그러므로 추수하는 주인에게 청하여 추수할 일꾼들을 보내 주소서 하라"(마 9:38). 그리고 "항상 기도하고 낙심하지 말아야 할 것을 비유로 말씀"(눅 18:1) 하셨다.

19

◆

기도에서 큰 결과를 얻으려면 신중함이 필요하다

우리의 경건을 시간으로 잴 수 없지만 시간이 필수적인 요소인 것은 틀림없다. 하나님과 교통하는 일에는 기다리며 인내하는 능력이 반드시 필요하다. 어디서든 성급한 태도는 하나님과 친교를 나누는 것과 같은 큰 일에 너무도 부적당하고 유해하다. 짧은 기도 시간은 깊은 경건에 독과 같다. 서두르는 기도에는 결코 평온함이나 이해력, 힘이 따르지 않는다. 짧은 기도 시간은 영적 활력을 고갈시키고 영적 진보를 방해하며 영적 기초를 약화시키고 영적 생명의 뿌리와 꽃을 시들게 한다. 짧은 기도는 영적 퇴보의 원인이며 피상적인 경건의 확실한 표시이다. 또한 경건의 씨앗을 속이고 시들게 하고 썩게 하며 토양을 못쓰게 만들어 버린다.

사실 성경에 나오는 기도는 말로 한 것이든 글로 한 것이든 짧지만,

성경의 기도하는 사람들은 그 기도를 말하기까지 하나님과 함께 있으면서 오랜 시간 동안 달콤하고 거룩한 씨름을 벌였다. 이들은 말은 몇 마디 하지 않았지만 오랜 기다림으로써 승리하였다. 모세가 기록하고 있는 기도는 짧지만 사실 그는 40일 밤낮을 금식과 간절한 부르짖음으로 하나님께 기도하였다.

엘리야의 기도가 몇 마디 안 되는 간단한 문장으로 압축될 수 있지만, 틀림없이 엘리야는 오랜 시간 기도하면서 맹렬히 씨름하며 하나님과 고귀한 대화를 나눈 뒤에야 아합에게 확신에 차서 담대하게 "내 말이 없으면 수 년 동안 비도 이슬도 있지 아니하리라."(왕상 17:1)라고 말할 수 있었을 것이다. 바울의 기도의 말이 간단하고 짧지만 바울은 "밤낮으로 간절히 기도하였다."

'주기도문'은 어린아이도 따라 외울 수 있는 거룩한 개요이지만 그리스도 예수께서는 땅에 계실 때 일을 하시기 전에 온 밤을 새워 기도하신 적이 많았다. 예수께서는 이 같이 밤이 새도록 드린 오랜 기도로 당신의 사역을 이루고 완성하실 수 있었고 그 성품에 하나님의 충만하심과 영광을 나타낼 수 있었다.

영적 사역은 고되기 때문에 사람들은 그 일을 하기 싫어한다. 참된 기도를 드리려면 진지하게 시간과 주의를 쏟아야 하는데, 육신은 이를 즐거워하지 않는다. 적당히 기도해도 넘어갈 수 있는 일에 값비싼 대가를 치르려고 할 사람은 거의 없다. 사람들이 빈약한 기도에 습관이 들면 짧게 기도하는 것을 좋게 생각하고, 짧은 기도를 점잖게 꾸미며 양심을 무마시키는 데까지 가는데, 이것은 아주 치명적인 아편과 같다. 기도를 소홀히 생각하다 보면 그 위험을 깨닫지 못하여 마침내는 경건의 기초가 무너져 버릴 수가 있다. 서둘러 끝내는 기도에서는 연약한 믿음, 희미한 죄의식, 의심스런 경건만 나올 뿐이다. 하나님과 함께 있는 시간이 적다는 것은 하나님을 위해 하는 일이 별로 없다는 뜻이다. 기도를 짧게 끝내 버릇하면 신앙 인격이 깊어지지 못하고 인색하며 욕심 많고 단정치 못하게 된다.

하나님이 사람의 영혼에 온전히 흘러들어 가려면 충분한 시간이 필요하다. 짧은 기도는 하나님께서 충만히 흘러들어 가는 관을 잘라 버리고 만다. 하나님의 충만한 계시를 받으려면 은밀한 곳에서 보내는 시간이 필요하다. 짧은 시간 안에 서둘러 기도를 끝내면 그 그림이 망쳐지고 만다.

"설교 준비하는 데 바빠 개인적으로 경건 서적을 읽지 못하고 기도도 짧게 하는 바람에 하나님과 나의 영혼 사이가 아주 서먹서먹해졌다."고 헨리 마틴은 후회하였다. 마틴은 자신이 공적 목회 사역에 너무 많은 시간을 쏟고 하나님과 갖는 개인적인 교제에 시간을 너무 내지 않았다고 판단하였다. 시간을 따로 내어 금식하고 진지하게 기도해야 할 필요성을 아주 절실하게 느낀 것이다. 그 결과로 그는 이렇게 적고 있다. "오늘 아침 2시간 동안 기도할 수 있도록 도움을 받았다."

왕들의 친구였던 정치가 윌버포스(William Wilberforce)는 이렇게 말하였다. "개인 기도에 더 많은 시간을 내야겠다. 나는 그동안 공무에 너무 치중하여 사느라 나를 위한 시간을 갖지 못했다. 개인 기도 시간이 짧아지면 영혼이 굶주리며 마르고 파리해진다. 그동안 너무 늦게 자고 늦게 일어났다." 의정 활동의 실패에 대해 그는 이렇게 쓰고 있다. "내 슬픔과 수치를 말하겠다. 이 모든 것이 그동안 개인 기도의 시간을 줄여 온 데서 발생했을 것이다. 그래서 하나님은 내가 넘어지도록 내버려 두셨다." 좀 더 일찍 일어나 홀로 기도하는 것이 그의 실패를 고치는 처방이었다.

기도에 더 많은 시간을 내고 기도하기 위해서 좀 더 일찍 일어나면 놀랍게도 그동안 스러져 버린 영적 생명이 되살아나고 활기를 되찾게 될 것이다. 거룩한 생활을 하는 사람에게서는 기도에 더 많은 시간을 내고 기도를 위해 좀 더 일찍 일어나는 태도가 분명히 나타날 것이다. 개인 기도 시간이 그렇게 짧지 않고 기도를 서둘러 끝내지 않는다면 거룩한 생활이 그렇게 드물거나 어려운 일이 아닐 것이다. 우리가 골방에 머무는 시간이 길어지고 더 뜨거워진다면 친절하면서도 침착한 향기를 지닌 그리스도인의 성품이 그리 이질적이거나 바랄 수 없는 유산이 되지 않을 것이다.

우리는 기도에 인색함으로 옹색하게 산다. 골방에서 오랜 시간 잔치를 벌이면 우리 생활은 자양과 기름짐을 얻게 될 것이다. 골방에서 하나님과 함께 지내는 능력에 따라 골방 밖에서 하나님과 함께 지내는 능력이 좌우된다. 서둘러 골방에 들어갔다 나오는 것은 사람을 속이고 의무를 게을리하는 행위이다. 사람들은 그런 잠깐 동안의 기도에 스스로 속을 뿐만 아니라 여러 가지 면에서 실패자가 되고 풍부한 유산을 받지도 못한다. 골방에서 오래 지체하는 사람은 길을 인도 받고 승리한다. 사람들은 골방에서 가르침을 받는다. 그래서 지극히 위대한 승리를 오랜 기다림의 결과로 얻는 경우가 많다. 다시 말해 애써 일하는 것도 계획을 세우는 것도 다 그치고 오직 조용히 참고 기다림으로 면류관을 얻는 것이다. 예수 그리스도께서는 "하나님께서 그 밤낮 부르짖는 택하신 자들의 원한을 풀어 주지 아니하시겠느냐?"(눅 18:7)라고 말씀하시면서 우리가 오래 참고 기다릴 것을 바라신다.

기도는 우리가 할 수 있는 일 중 가장 위대한 일이다. 그리고 기도를 잘하려면 조용해야 하고 시간이 있어야 하며 기도할 마음을 가져야 한다. 그렇지 않으면 기도는 아주 간단히 해치우는 지극히 하찮은 일이 되어 버린다. 참된 기도에는 더할 수 없이 크고 선한 결과가 따른다. 빈약한 기도에는 지극히 적은 결과만 나올 뿐이다. 참된 기도는 아무리 많이 해도 지나치는 법이 없다. 거짓 기도는 아무리 적게 해도 괜찮은 법이 없다.

우리는 기도의 가치를 다시 배우고 기도 학교에 새로 들어가야 한다. 기도만큼 배우는 데 많은 시간이 걸리는 것은 없다. 이 놀라운 기술을 배우려 한다면 여기저기에서 자투리 시간을 들여서는 안 된다. 꼬마 성도들이 노래하듯 "예수와 잠깐 이야기"해서는 안 된다. 우리는 하나님을 위하여, 기도를 위하여 가장 좋은 시간을 내야 하고 그 시간을 굳게 붙들어야 한다. 그렇지 않으면 참된 기도가 되지 못할 것이다.

그러나 오늘날은 기도의 시대가 아니다. 기도하는 사람이 별로 없다. 설교자와 사제들이 기도를 비방하고 있다. 요즘처럼 서두르고 소란스런 산업 시대에는 사람들이 시간 내어 기도하려고 하지 않는다. 정기적으로 혹은 국가적인 행사 때에 프로그램의 일부로 '기도를 읽는' 설교자들이 있는데, "스스로 분발하여 주를 붙잡는 자"(사 64:7)는 어디 있는가? 야곱이 기도하였듯이 유력한 중보 기도를 올리는 도고의 대가가 되기까지 기도하는 사람이 누구인가? 갇혀 있던 자연의 힘이 풀려나고 기근으로 황폐해진 땅이 하나님의 동산처럼 피어나도록 만든 엘리야처럼 기도하는 사람이 누구인가? 예수 그리스도께서 산 위에서 "밤이 새도록 하나님께 기도하였듯이" 기도한 사람이 있는가?

사도들은 "오로지 기도에 힘썼다." 이것은 사람들이, 심지어는 설교자들조차도 그렇게 하기가 매우 어려운 일이다. 평신도들 가운데 돈은 내면서 ― 이 중에는 돈을 꽤 많이 내는 사람도 있는데 ― "오로지 기도에 힘쓰려고" 하지 않는 사람들이 있다. 기도 없이 내는 돈은 재난에 불과하다. 부흥의 필요성과 하나님 나라 확장에 대해 기막히게 설교하는 설교자는 많다. 그러나 기도하며 전하는 설교자는 많지 않다. 기도 없는 설교와 조직은 헛된 것을 넘어서 악하기까지 하다. 오늘날 기도는 시대에 뒤떨어진 일이며 거의 잊혀진 기술이다. 이 시대의 최고의 은인이라면 설교자와 교회로 하여금 다시 기도하도록 만드는 사람일 것이다.

20

◆

기도하는 목회자가 기도하는 교인을 낳는다

오순절 전까지 사도들은 기도의 중요성을 어렴풋이 알 수 있었을 뿐이다. 그러나 오순절날 성령 강림과 충만으로 기도가 그리스도의 복음에서 반드시 필요한 위치를 당당하게 차지하게 되었다. 이제 모든 성도에게 성령께서 아주 큰 목소리로 기도하라 엄격하게 외치신다. 성도의 경건은 기도로 이루어지고 정련되며 온전해진다. 성도들이 아침 일찍 그리고 저녁 늦게 오랫동안 기도하지 않을 때 복음은 천천히 머뭇거리며 나아간다.

오늘날 성도들에게 기도하는 법을 가르치고 기도하게 할 수 있는 그리스도를 닮은 지도자들이 어디 있는가? 우리가 지금 기도하지 않는 성도들을 기르고 있음을 알고 있는가? 하나님의 백성들을 기도하게 만들 수 있는 사도 같은 지도자들이 어디 있는가? 그런 사람들이 있으면 전면에 나서서 일을 하게 하라. 그렇게 할 수만 있다면 그것은 지극히 위대한 일이 될 것이다. 교육 시설이 늘어나고 돈의 세력이 무섭게 증가하고 있는데 지금보다 더 많은 기도를 하고 더 나은 기도를 하여 성화(聖化)되지 않는다면 신앙에 무시무시한 재앙이 되고 말 것이다. 더 많이 기도하는 일은 자연스럽게 일어나지 않는다. 모금 운동을 한다고 해서 기도를 더 많이 하도록 만들 수 없다. 주의하지 않으면 오히려 방해만 될 뿐이다. 기도하는 지도자들이 아주 특별히 노력하지 않고서는 아무것도 소용이 없을 것이다.

기도가 지극히 중요하고 교회의 심장이며 생명이 된다는 사실을 확립하는 데 지도자들이 앞장서서 사도적인 노력을 기울여야 한다. 기도하는 지도자들만이 기도하는 제자들을 일으킬 수 있다. 기도하는 사도들에게서 기도하는 성도들이 나온다. 기도하는 목회자가 기도하는 교인을 낳는다. 우리에게는 성도들이 기도하는 일에 전념하도록 만들 사람이 절실하다. 우리는 기도하는 세대가 아니다. 기도하지 않으면 성도의 열정도 아름다움도 능력도 모르는 거지 같은 무리들이나 다름없다. 누가 이 문제를 해결하겠는가? 교회로 하여금 기도하게 만들 수 있다면 그 사람이야말로 가장 위대한 개혁자이며 가장 위대한 사도일 것이다.

아주 냉정하게 판단할 때, 오늘날뿐 아니라 모든 시대의 교회에 가장 필요한 것은 당당한 믿음과 더럽혀지지 않은 거룩함, 뚜렷한 영적 활기, 불타는 열심을 지닌 사람들이다. 이들의 기도와 믿음, 생활, 목회 사역은 아주 철저하고 적극적이어서 개인 생활과 교회 역사에 신기원을 이

록할 영적 혁명을 일으킬 것이라고 본다.

지금 나는 참신한 도구로 선풍적인 인기를 구하는 사람이나 즐거운 오락으로 사람의 마음을 사로잡는 사람을 얘기하는 게 아니다. 하나님의 말씀을 전함으로, 성령의 능력으로 사물을 일깨우고 혁명을 일으키는 사람, 사태의 모든 흐름을 뒤바꾸는 혁명을 일으키는 사람을 말하는 것이다.

이런 문제에서는 천부적인 능력이나 교육의 이점이 중요한 요소가 되지 않는다. 믿음의 분량과 기도의 능력, 철저한 헌신의 능력, 겸손의 능력, 하나님의 영광을 위하여 철저히 자아를 버리는 것, 하나님의 충만하심을 언제나 끊임없이 갈망하는 것, 바로 이런 것들이 중요하다. 교회로 하여금 하나님을 위하여 불타오르도록 만들되 소란스럽고 허세를 부려가며 하는 것이 아니라, 조용하면서도 뜨거운 열정으로 모든 것을 녹여 하나님께 향하도록 만드는 사람이 중요한 것이다.

하나님께서는 마음에 합당한 사람을 만나시면 큰 일을 행하실 수 있다. 사람이 하나님의 인도를 받아 나갈 수 있다면 큰 일을 행할 수 있다. 오늘날 같은 때는 세상을 뒤집어엎은 그 정신을 충만히 받는 것이 매우 유용할 것이다. 하나님을 위해 세상을 각성시킬 수 있는 사람, 영적 혁명을 통해 사물의 모든 면을 바꿀 수 있는 사람이 모든 교회에 필요하다.

교회 역사에는 언제나 이런 사람이 있었다. 이들이 교회의 역사를 장식하는 사람이다. 하나님의 교회의 신성함을 보여주는 영구한 기적으로 서 있는 이들이다. 그들의 모범과 역사는 다함이 없는 영감이요 복이다. 이런 사람들의 수를 늘리고 힘을 강하게 만드는 것이 바로 우리의 기도이다.

영적인 문제에서 한 번 이루어졌던 일은 다시 할 수 있고 더 낫게 할 수 있다는 것이 그리스도의 생각이었다. "진실로 진실로 너희에게 이르노니 나를 믿는 자는 내가 하는 일을 그도 할 것이요 또한 그보다 큰 일도 하리니 이는 내가 아버지께로 감이라"(요 14:12). 하나님을 위하여 큰 일을 할 수 있는 가능성이 과거로 끝나 버리지 않았고 그 일을 해야 할 필요성이 사라진 것도 아니다. 능력과 은혜의 기적은 과거에 끝났다고 믿는 교회는 타락한 교회다.

하나님은 선택된 사람을 원하신다. 곧 철저하게 십자가에 못 박힘으로 자아와 세상에 대해 회복할 희망이나 바람을 조금도 갖지 못할 정도로 완전히 죽어 버려 자아와 세상에서 벗어난 사람, 이 같은 파산과 십자가에 못 박힘으로 말미암아 완전히 하나님께로 마음을 돌린 사람을 원하신다.

그러므로 간절히 기도하여 기도에 대한 하나님의 약속이 풍성히 이루어지도록 하자.

"크리스천의 영적 성장을 돕는 고전"
세계기독교고전 목록